초신자를 견고하게 세우는

# 신앙 핵심 개념 153

바이블하우스

## 이대희

저자 이대희 Lee Dae Hee 목사는 지난 20여 년 동안 성서사람 · 성서교회 · 성서한국 · 성서나라의 모토를 가지고 한국적 성경교육 실천사역을 위한 집필과 교육, 세미나와 강의를 하고 있다. 한국적 바이블칼리지 엔크리스토성경대학을 세워 학부모와 교사, 신학생과 목회자를 말씀으로 세우는 사역을 계속해오고 있다. 현재 바이블미션 대표와 꿈을주는교회 담임목사로 사역하고 있다. 또한 장로회신학대학교 신학대학원(M.Div)과 연세대학교 연합신학대학원(Th.M)을 졸업하고, 에스라성경대학원대학교 성경학박사(D.Litt) 과정을 마친 그는, 예장총회교육자원부 연구원과 서울장신대 교수와 겸임교수를 역임했다. 극동방송에서 〈알기 쉬운 성경공부〉 및 〈기독교 이해〉 등 다양한 생활프로그램을 진행한 저자는 현재 극동방송 〈리빙 크리스천〉을 진행하고 있다. 저서로는 《내 인생을 바꾼 31일 성경통독》, 《내 인생을 바꾼 31일 기도습관》, 《누구나 쉽게 배우는 쉬운 기도》, 《자녀축복 침상기도문》, 《한국인을 위한 유대인공부법》 등 다양한 실천지침서와 《30분 성경공부》 시리즈, 《비전과 진로》 등 '아름다운 십대 성경공부' 시리즈, 《열매를 맺어라》 등 '딩딩바이블 청소년 양육' 시리즈, 《이야기대화식 성경연구》, 《맛있는 성경공부》 등 200여 권의 성경공부 교재가 있다.

초신자를 견고하게 세우는

# 신앙 핵심 개념 153

초판 1쇄 2016년 6월 10일

글 | 이대희
펴낸이 | 박종태
펴낸곳 | 바이블하우스
출판등록 | 2010년 6월 29일(제410-251002010000194호)

마케팅 | 강한덕·임우섭
관리 | 정문구·맹정애·강지선·정광석
주소 | 경기도 고양시 일산서구 송산로 499-10(덕이동)
전화 | 031)907-3927
팩스 | 031)905-3927

책임편집 | 두드림
일러스트 | 서재형
인쇄 및 제본 | 예림인쇄
공급처 | (주)비전북
전화 | 031)907-3927
팩스 | 031)905-3927

ISBN 978-89-97054-11-4
잘못된 책은 바꾸어 드립니다.
바이블하우스는 비전북의 임프린트입니다.

# 신앙 개념 이해는 신앙의 기본입니다

예수를 믿고 교회 생활을 하는 사람은 이제 새로운 삶을 살게 된 것입니다. 이전과 다른 삶을 살게 됩니다. 교회 공동체에 들어오면 믿음의 사람들과 교제하게 됩니다. 그런데 자칫 잘못하면 문제가 생길 수 있습니다. 신앙 개념 이해가 제대로 안되면 교회에 빨리 적응하지 못하고 신앙이 자라지 못합니다. 신앙 안에서 자주 사용하는 언어와 단어가 있습니다. 초신자에게는 이런 단어가 생소하고 어렵게 느껴집니다. 그러다 보니 소통이 잘 안되고 말씀이 이해가 안됩니다.

성경과 신앙의 기본적인 개념을 잘 이해하면 설교가 쉽게 이해되고 성경 공부와 성도 교제도 수월해집니다. 문제는 이렇게 중요한 신앙 개념을 제대로 가르쳐주지 않으니 신앙 생활이 어렵게 느껴진다는 점입니다.

대부분의 교회에서는 새가족 양육을 몇 주로 끝내는 경우가 많습니다. 신앙 기본기를 다지지 않으면 교회에 오래 다녀도 발전이 더딥니다. 그러다 보면 소통에 계속 문제가 발생하고 스스로 설 수 없습니다.

교회에서 성도들과 성경을 공부하다가 깜짝 놀랄 때가 많습니다. 설교와 성경공부를 어려워 하는 사람이 많습니다. 신앙의 기본적인 개념조차 알지 못한 채 설교를 듣고 성경공부를 하니 너무나 당연한 사실입니다.

교회 지도자들은 이런 사실을 잘 모르는 경우가 많습니다. 수학이 너무 어려워 포기하는 수험생이 늘어나는 것처럼 신앙에도 이런 현상이 생길 수 있습니다. 수학의 기본 개념만 잘 이해해도 수학 성적은 올라갑니다. 신앙도 마찬가지입니다.

필자는 신자라면 누구나 꼭 알아야 할 기본기와 같은 신앙 개념을 정리한 양육 지침서가 필요하다는 것을 절감하고 이 책을 펴내게 되었습니다.

누구나 쉽게 신앙 개념을 이해할 수 있도록 핵심 내용을 간단하게 정리했습니다. 스스로 공부할 수 있고, 그림과 함께 자기 진단을 할 수 있도록 구성했습니다. 신앙의 기본기는 신앙 개념을 바르게 이해하는 데서부터 출발합니다. 그러므로 초신자에게는 꼭 필요한 과정입니다. 아울러 기존 신자들도 자기의 신앙을 점검하는 계기로 이 책을 사용하면 유익할 것입니다.

저자 이대희

# 특징과 구성

## "다른 사람에게 쉽게 설명할 수 없으면 제대로 이해한 것이 아니다"

### 1. 새로운 형태의 전인적인 신앙 개념 공부다

내용을 단순히 주입하는 지식 위주 방식을 탈피하여 그림을 통해 전체 내용을 마음에 그리게 했습니다. 그리고 제시된 개념을 설명하여 다시 그림을 통해 공부하고 설명을 통해 재확인하는 새로운 공부 방식입니다. 가슴과 머리와 오감을 사용한 전인적인 신앙 개념 공부입니다.

### 2. 신앙 기본기를 세운다

신앙에도 기본기가 중요합니다. 신앙 기본기를 튼튼하게 하면 평생 신앙생활이 즐겁고 흔들리지 않습니다. 기본기는 신앙 개념을 제대로 이해하는 데 있습니다.

### 3. 신앙 개념을 알면 서로 소통이 잘된다

기본적인 신앙 개념을 모르면 교회에서도 소통이 잘 이루어지지 않습니다. 그러다 보면 오해하기 쉽고 신앙 양육이 힘듭니다. 초신자의 경우 먼저 신앙 개념을 아는 것이 중요합니다.

### 4. 혼자서도 재미있게 배울 수 있다

누구든지 혼자서도 차근차근 신앙 개념을 공부할 수 있게 했습니다. 그림을 이용해 가능한 내용을 간단하게 핵심을 잡아 정리했습니다. 자칫 따분하게 느껴지기 쉬운 신앙 개념을 그림과 이미지를 통해 상상하며 재미있게 배울 수 있습니다. 지도자가 조금만 도와주면 더 정확하게 개념을 이해할 수 있습니다.

### 5.신앙 개념을 잡으면 성경과 말씀이 쉽고 신앙생활이 즐겁다

신앙생활이 어려운 것은 신앙 개념이 잘 정리가 안되어서입니다. 신앙 개념을 확실히 잡으면 나날이 성장하여 갈수록 신앙이 견고해집니다. 신앙 개념으로 기초를 튼튼히 하면 신앙생활이 즐겁습니다.

### 6.신앙생활에 꼭 필요한 핵심개념 153개를 선정하여 간단하게 요약했다

신앙을 형성하는 자주 사용되는 기본적인 153개 핵심 신앙 개념을 정했습니다. 여기서 가장 기초가 되는 여섯 가지 주제를 정하고 다시 열 가지의 개념을 정해 더욱 쉽게 이해하도록 했습니다.

### 7. 비슷한 신앙 개념을 같이 묶어 비교와 대조가 용이하도록 했다

서로 비슷한 신앙 개념을 묶어서 함께 이해하도록 구성했습니다. 서로 다른 것을 비교하고 대조하다 보면 개념이 더 명확해집니다.

# 사용법

1. 먼저 그림표를 통해 신앙 개념을 잘 이해하고 있는지 알아보고 스스로 설명하면서 자신의 신앙을 진단한다.

2. 해당 주제에 대한 신앙 개념을 꼼꼼하게 숙독하며 공부한다.

3. 이해가 잘 되지 않는 부분은 목회자나 지도자에게 도움을 요청한다.

4, 개념 공부를 마친 후 다시 앞의 그림을 보면서 나의 말로 신앙 개념을 설명해 본다.

5. 설명이 잘 안된다면 신앙 개념이 아직 나의 것으로 완전히 소화가 안된 것이다. 다시 정리한 후 반복하여 설명한다.

6. 무조건 그대로 암기하지 말고 내가 이해한 것을 나의 말로 풀어서 정리한다.

7. 내가 이해한 신앙 개념을 다른 이들과 공유하고 나눈다. 이렇게 실천할 때 그것은 완전히 나의 것이 된다.

# 차례

# 01 성경에 대해 1

## 주제성경

1. 그런즉 너는 오늘 내가 네게 명하는 명령과 규례와 법도를 지켜 행할지니라.
2. 너희가 이 모든 법도를 듣고 지켜 행하면 네 하나님 여호와께서 네 조상들에게 맹세하신 언약을 지켜 네게 인애를 베푸실 것이라. (신명기 7:11-12)

**그림표로 점검하기** (그림표에 나오는 신앙 개념을 자신이 이해한 말로 설명하며 현재 상태를 점검한다)

## ◆ 성서와 성경

'성서'란 '거룩한 책'이란 뜻이다. 성서는 책 중의 책으로 'The Bible'이라고 말한다. 책으로서 형식을 말할 때 성서라는 말을 사용한다. '성경'은 기록된 책보다는 기록한 내용을 강조하는 용어로 우리를 믿음에 이르게 하는 지혜를 준다(딤후3:15). 성경은 그리스도인의 신앙의 원리와 지침을 알려주며 강조점에 따라 성서 혹은 성경으로 같이 사용되고 있다.

## ◆ 언약과 약속

성경에 대한 용어는 언약(testement)이다. 계약(covement)이라는 말과 같다. 또한 하나님과 인간 사이에 언약을 맺는다는 뜻을 지니고 있다. 성경은 하나님과 우리 사이에 맺은 언약의 책이다. 또한 약속이라는 말로 사용된다. 약속은 앞으로 이룰 성취와 관계 속에서 사용되며  메시야(예수)의 예언이 포함되었다. 성경에 많이 나오는 용어다.

## ◆ 구약과 신약

성경에 나오는 옛 언약(고후3:14)을 구약, 새 언약(고후3:6)을 신약이라고 말한다. 구약은 39권의 책으로 이스라엘의 부르심과 역사와 미래가 기록되었으며 그 안에는 예수의 예언이 포함되었다. 신약은 27권의 책으로 예수님의 십자가 죽음과 부활의 내용과 그것을 전파하는 내용이 기록되었다. 구약은 앞으로 오실 예수의 예언, 신약은 이미 오신 예수의 성취된 이야기다. 구약과 신약은 분리된 책이 아니라 한 권으로 이어진 책이며 둘 중 어느 하나도 빠지면 안된다.

## ◆ 하나님의 말씀과 진리의 말씀

성경에서 가장 많이 사용되는 성경의 명칭은 하나님의 말씀이다. 성경은 인간 저자를 통하여 인간에게 전달되는 하나님의 메시지이다. 또한 설교, 성경공부, 성경읽기 등을 통하여 말씀이 전달된다. 비록 사람이 성경의 말씀을 전하지만 그것을 하나님의 말씀으로 받으면 받은 사람에게 하나님의 말씀이 된다.( 살전2:13) 하나님의 말씀은 변하지 않는 진리다. 그런 이유로 성경은 어느 책보다 가장 믿을 수 있는 책이다.

## ◆ 율법과 율례와 규례와 계명

'율법(토라)'이 법 전체를 지칭하는 것이라면, '율례(호크)'와 '규례(미쉬파트)'는 그것을 보다 세분화시킨 구체적인 법을 의미한다. 계명은 율법은 간소화한 것이다. 율법은 지켜지기 어렵기에 그것을 쉽고 간단하게 요약하고 정리한 것이다. 율법과 율례와 규례와 계명은 하나님의 명령이라는 점에서 동일하다. 하나님을 믿는 자녀는 반드시 지켜야 할 법인 것이다.

## ◆십계명

십계명은 하나님이 인간에게 주신 계명을 핵심적으로 요약하여 정리한 것이다. 1-4계명이 하나님을 사랑하는 방법을 제시했다면 5-10계명은 인간을 사랑하는 실제적인 방법을 제시했다. 성경에 나오는 열 가지 계명은 오래 전 이스라엘 백성뿐 아니라 오늘날에도 적용되는 법이다. 십계명의 핵심은 사랑이다. 십계명은 하나님과 인간을 어떻게 사랑하는지에 대한 내용이다. 법은 사랑 때문에  존재한다. 사랑하면 모든 법을 이룬 것이다.

## ◆예언

예언은 하나님으로부터 직접 들려지고 보여진 진리다. 성경은 예언의 말씀이다. 성경에 근거한 말씀이 전해지면 그것도 예언에 속한다. 그렇다면 설교도 예언의 말씀이다. 예언을 받아 전하는 사람들을 예언자(선지자)라고 말한다. 이스라엘의 예언자들은 율법의 말씀에 근거한 예언을 했다. 그렇지 않고 자기 생각대로 말한 것은 거짓예언이다. 예나 지금이나 사람을 미혹하게 하는 거짓 예언자는 계속 존재한다. 성경에서 예언은 '미리 예(豫)'가 아닌 '위탁 예(預)'를 말한다. 예언자란 하나님께 받은 말씀을 전하는 메신저라는 뜻이다. 성경의 예언은 하나님이 모세를 통하여 과거에 들려주었던 모세 율법(토라: 창세기, 출애굽기, 레위기, 민수기, 신명기)을 시대 속에서 전하는 것이다. 미래를 점치듯이 예견하는 것보다 과거를 통하여 현재를 전하는 데 메시지의 핵심이 있다.

## ◆지식의 말씀과 지혜의 말씀

성경에 나오는 지식은 하나님을 아는 지식을 말한다. 인간의 지식과 하나님을 아는 지식은 차원이 다르다. 하나님에 관한 지식을 지식의 말씀이라고 말하며 지혜는 배운 지식을 실천적으로 적용하는 것이다. 하나님의 지식이 실천적인 지혜로 나갈 때 그것이 살아 있는 신앙이다. 진정한 지식은 실천적인 지혜로 이어져야 한다.

## ◆교훈과 길

교훈은 율법(토라:창세기, 출애굽기, 레위기, 민수기, 신명기)의 본래적인 뜻이다. 교훈과 율법은 같은 의미다. 길은 한자의 도(道)라는 말이다. 하나님의 말씀은 하나님의 교훈이요 지침서다. 성경은 하나님이 만드신 세상의 생명과 사망의 길에 대해 기록한 책이다. 성경을 읽으면 하나님의 교훈과 삶의 지침과 행복에 이르는 길을 알 수 있다. 하나님은 세상을 성경대로 움직이신다. 성경을 보면 세상을 알 수 있다.

## ◆복음과 예수

복음은 기쁜 소식이라는 뜻이다. 세상에서 가장 기쁜 소식은 예수 그리스도다. 죄를 지은 인간은 스스로 죄값을 청산하지 못하므로 멸망의 길로 갈 수밖에 없다. 그런데 예수님이 세상에 오셔서 인간의 죄를 대신하여 죽으시고 부활하심으로 우리가 영원히 살 수 있는 길을 주셨다. 누구든지 예수를 믿으면 영생을 얻을 수 있다. 그러므로 이것은 모든 인간이 들어야 할 복음이다.

복음은 모두에게 필요하다. 세상의 모든 것을 해결하는 능력은 복음 속에 있다. 복음은 곧 예수 그리스도이시기에 그렇다. 예수님은 처음이요 마지막이시다. 모든 근원이 되시며 우리가 갖고 싶은 복이 예수 안에 다 들어 있다. 이 세상의 문제 해결도 예수 안에 다 들어 있고, 죽음 이후에 주어지는 영생도 예수 안에 다 들어 있다. 그러므로 복음을 믿고 복음 안에 거하면 우리는 모든 것을 얻은 것이 된다. 하지만 세상의 모든 것을 얻었다 할지라도 복음을 믿지 못하면 아무것도 얻지 못한 불행한 사람이 된다. 나중에는 허무하게 모두 사라진다.

세상에서 가장 중요한 것은 복음을 믿고 그 복음으로 살아가는 것이다.

### 그림표로 설명하기

신앙 개념을 다 공부했으면 앞의 그림표를 보고 배운 신앙 개념을 설명해 본다.
설명이 잘 안되는 부분은 다시 내용을 공부한 후 그림표를 보고 반복하여 설명한다.

# 02 성경에 대해 2

## 주제성경

여호와의 율법은 완전하여 영혼을 소성시키며 여호와의 증거는 확실하여 우둔한 자를 지혜롭게 하며 여호와의 교훈은 정직하여 마음을 기쁘게 하고 여호와의 계명은 순결하여 눈을 밝게 하시도다. (시편19:7-8)

**그림표로 점검하기** (그림표에 나오는 신앙 개념을 자신이 이해한 말로 설명하며 현재 상태를 점검한다)

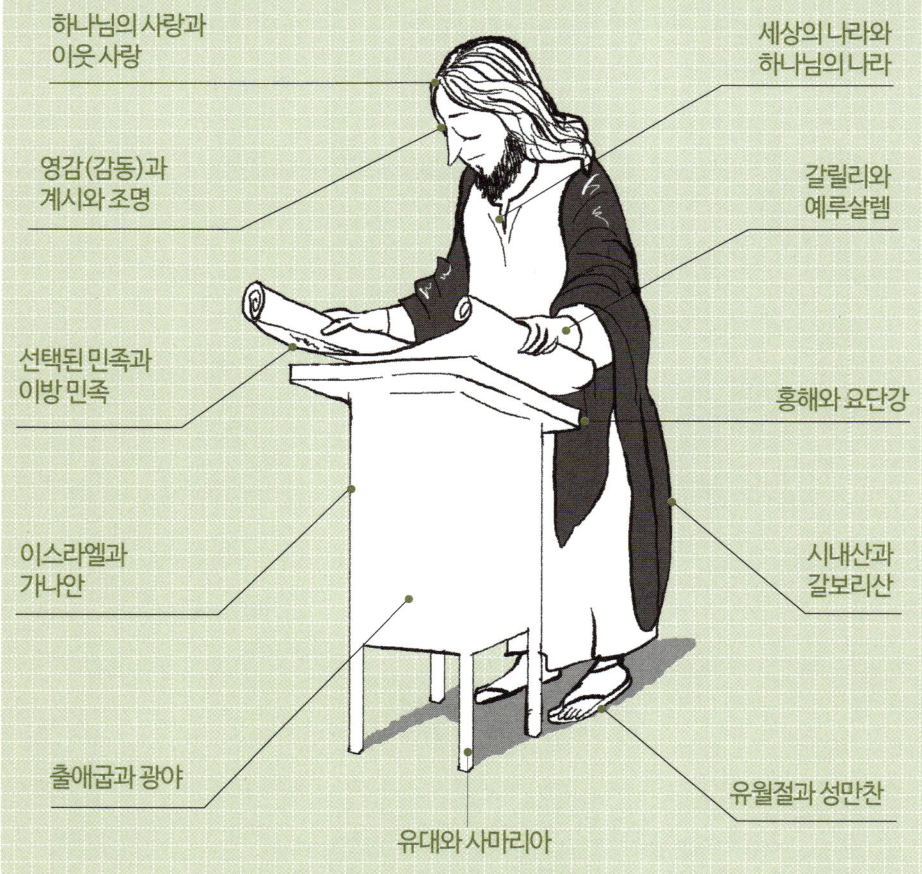

## ◆ 영감(감동)과 계시와 조명

영감은 하나님과 인간의 소통을 말한다. 영감은 인간 스스로 얻을 수 없고 하나님이 주셔야 가능한 선물이다. 감동과 영감은 같은 의미로 하나님이 인간에게 숨을 불어 넣으신 것을 뜻한다. 계시와 예언도 같은 용어로 사용되는데 아직 알려지지 않은 것을 하나님이 드러내 보여주시는 것이다. 조명은 성경의 진리를 인간이 이해할 수 있도록 역사하시는 하나님의 행동이다. 모두 하나님의 말씀과 관련되어 있다.

## ◆ 하나님의 사랑과 이웃 사랑

하나님의 말씀인 성경은 한마디로 사랑의 책이다. 하나님은 영이지만 사랑으로 이해하면 된다. 성경은 크게 두 가지 사랑을 이야기한다. 하나는 하나님의 사랑이고 또 하나는 이웃 사랑이다. 이것은 분리될 수 없는 동전의 양면과 같다. 어느 하나만 사랑한다는 것은 모순이다. 하나님의 사랑은 눈에 보이지 않는 하나님에 대한 것이라면 이웃사랑은 눈에 보이는 사람에 대한 것이며, 하나님과 이웃 사랑이 함께 일어날 때 온전한 사랑이 된다.

## ◆ 세상의 나라와 하나님의 나라

성경의 큰 물줄기는 이 세상의 나라와 하나님의 나라 이야기다. 이 둘은 서로 대립한다. 세상의 나라가 하나님의 나라를 미혹하고 핍박하지만 궁극적으로는 하나님의 나라가 승리한다. 세상의 나라는 보이는 일시적인 것과 물질이나 육신적인 즐거움을 추구하지만 하나님의 나라는 보이지 않는 것으로 영원하다. 그리고 사랑과 희락과 화평을 추구한다.

## ◆ 선택된 민족과 이방 민족

성경은 하나님이 선택한 이스라엘 민족과 선택받지 못한 이방 나라들 이야기이다. 이방 민족으로는 이스라엘 주변에 있는 아말렉·블레셋·에돔·모압·암몬 족속 등이 있다. 큰 나라는 애굽·앗수르· 바벨론·바사 등이다. 하나님을 섬기는 이스라엘 백성과 우상을 섬기는 이방 나라들 이야기가 구약성경의 내용이다. 성경은 선택된 민족 이스라엘을 하나님이 어떻게 인도하시고 아울러 이스라엘은 어떻게 하나님을 반역하는지 반복하여 강조한다. 구약은 선택된 이스라엘 민족이 패망하고 신약은 이방에게 복음이 전파되는 이야기인데 종말에는 이스라엘과 이방이 하나가 된다.

## ◆ 이스라엘과 가나안

이스라엘이란 '하나님과 겨루어 이기다'는 뜻으로 족장 야곱에게 주신 이름이다. 뜻을 정리하면 '하나님께 지배받는다'는 의미이다.(창32:28) 가나안 족속은 이스라엘이 가나안을 정복하기 전 가나안땅에 살았던 7족속이다. 가나안 족속이 섬기는 우상인 바알은 물질의 풍요를 주는 눈에 보이는 신이다. 나중에 이스라엘도 바알에 미혹당하여 결국은 패망에 이른다.

## ◆ 출애굽과 광야

이스라엘이 애굽에서 노예 생활을 청산하고 해방된 것이 출애굽 사건이다. 출애굽은 이스라엘 백성이 탄생한 출발점이다. 그러므로 출애굽은 아주 중요하다. 애굽에서 해방된 이스라엘 백성은 바로 가나안땅에 들어가지 않고 40년간 광야 생활을 한다. 하나님이 이스라엘을 하나님의 백성으로 준비하고 연단시키는 영적 훈련 장소다. 광야는 이스라엘이 오직 하나님만 의뢰하는 법을 배우고 주님과 친밀함을 경험하는 곳이다.

## ◆ 유월절과 성만찬

유월절은 애굽 사람에게 내린 10가지 재앙 중에서 마지막 재앙인 각 가정의 맏아들을 죽게 한 것과 관련이 있다. 바로 왕이 하나님의 말씀을 거역하자 바로의 아들은 물론 애굽 내 모든 가정의 맏아들이 죽는 끔찍한 일이 발생한다. 그런데 이때 이스라엘의 아들만 구원을 받으니 그 조건은 문설주에 어린양의 피를 바르는 일이다. 이것을 기념한 절기가 유월절이다. 죽음의 재앙이 피를 보고 넘어간다는 뜻이다. 이것은 신약에서 예수님이 제자들에게 행한 최후의 만찬 성찬식에서 온전히 성취된다.

## ◆시내산과 갈보리산

시내산은 모세가 하나님을 만나 소명을 받았던 그 장소다. 모세는 이곳에서 이스라엘 민족의 기초를 세울 율법을 하나님께 받는다. 이스라엘 민족은 율법을 잘 지키기는커녕 번번이 계명을 어긴다. 갈보리산은 예수님이 십자가에 못박혀 죽으신 곳이다. 구약의 시내산이 율법을 받은 장소라면 신약의 갈보리산은 율법을 성취한 곳이다.

## ◆ 홍해와 요단강

이스라엘 민족이 애굽을 탈출하여 첫번째 만난 장애물이 홍해다. 뒤는 애굽 군대가 쫓아 오고 앞은 홍해 바다가 막고 있는 진퇴양난의 위기에서 모세가 지팡이를 들자 홍해가 둘로 쩍 갈라지는 기적이 일어난다. 결국 이스라엘 민족은 구원 받고 뒤쫓던 애굽 군대는 수장된다. 이와 동일한 경험을 이스라엘 차세대가 가나안땅에 들어가서 경험하는데 그것이 요단강이다. 언약궤를 맨 제사장의 발이 물에 닿자 요단강이 갈라진다. 이것은 십자가를 통해 인류가 죄에서 구원받는 사건과 연결된다.

## ◆ 갈릴리와 예루살렘

이스라엘 지역하면 크게 시골 쪽인 갈릴리와 도시 지역인 예루살렘이 떠오른다. 갈릴리는 호수와 식물이 자라는 초원 지역이다. 예루살렘은 약 700고지에 세워진 성으로 이스라엘의 수도로 척박한 지형이며 주변에 유대광야가 있다. 예수님과 그의 제자들은 시골 갈릴리 지역 출신이다. 당시 제사장과 서기관과 율법학자들은 예루살렘을 지배하고 있었다.

## ◆ 유대와 사마리아

이스라엘은 수도인 예루살렘과 남부 지역인 유다, 북쪽의 갈릴리와 그 사이에 사마리아가 있다. 유다는 유대인이 거주하는 남유다의 전통을 가지고 있으며 사마리아는 북이스라엘의 전통을 가지고 있다. 북이스라엘은 바알을 숭배하다가 멸망하여 앗수르에게 지배를 당했다. 그런 이유로 이방민족과 혼합되었고 후에 사마리아로 불렸다. 사마리아 사람들은 남유다 사람들에게 홀대를 받았다. 더러운 이방인과 혼합되었다는 이유로 유다 사람들이 갈릴리에 갈 때는 사마리아 주변으로 돌아갔으며 사마리아 사람을 배척했다.

## tip -성경에 대한 작은 상식

**1. 기록된 언어 :** 구약성경- 히브리어, 신약성경- 헬라어

**2. 책 수 :** 66권( 구약 39권. 신약 27권)

**3. 장 수 :** 1189장

**4. 절 수 :** 31173절

**5. 저자 :** 약 40여 명

**6. 기록한 연대 :** 약 1000년에 걸쳐서 기록

**7. 가장 긴 책 :** 시편

**8. 가장 긴 장 :** 시편 119편

9. 가장 짧은 장 : 시편117편

**10. 가장 짧은 책 :** 요한 2서

### 그림표로 설명하기

신앙 개념을 다 공부했으면 앞의 그림표를 보고 배운 신앙 개념을 설명해 본다.
설명이 잘 안되는 부분은 다시 내용을 공부한 후 그림표를 보고 반복하여 설명한다.

# 03 성경에 대해 3

## 주제성경

모든 성경은 하나님의 감동으로 된 것으로 교훈과 책망과 바르게 함과 의로 교육하기에 유익하니 이는 하나님의 사람으로 온전하게 하며 모든 선한 일을 행할 능력을 갖추게 하려 함이라.(디모데후서 3:16-17)

그림표로 점검하기(그림표에 나오는 신앙 개념을 자신이 이해한 말로 설명하며 현재 상태를 점검한다)

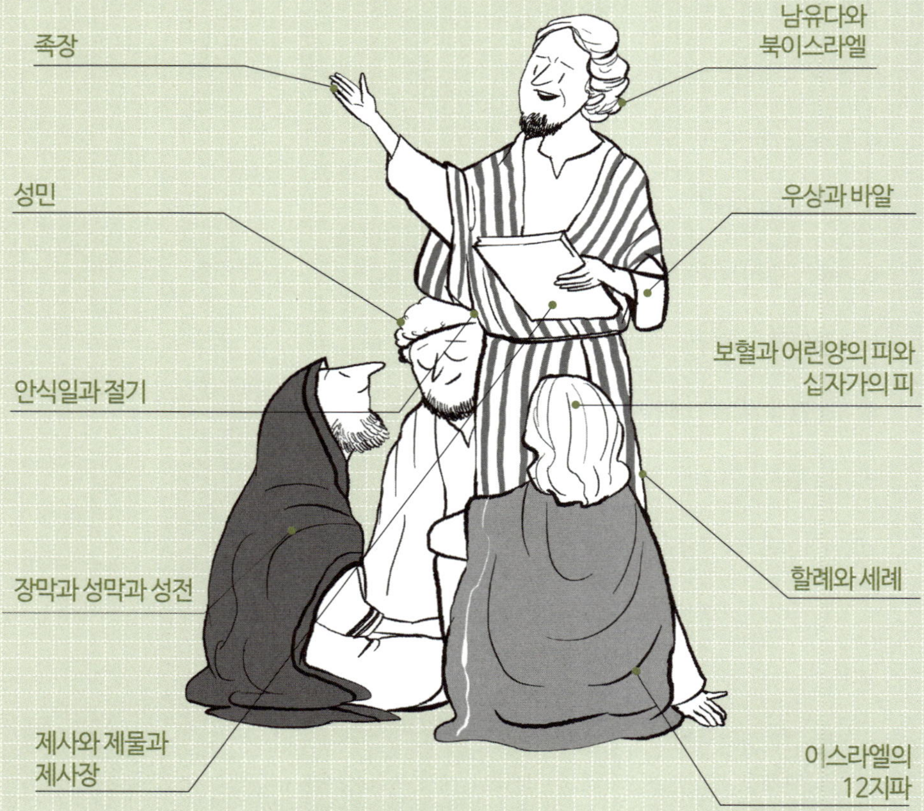

## ◆ 족장

족장은 부족과 마을의 장을 말한다. 창세기 12장부터 50장은 족장들의 이야기다. 족장은 이스라엘 민족의 뿌리로 아브라함, 이삭, 야곱이 대표적 인물이다. 창세기 14장을 보면 아브라함이 그의 가솔 318인을 데리고 롯을 구출하러 가는 장면을 보게 된다. 왕은 아니지만 부족에서는 수장이다. 족장 아브라함은 이스라엘의 조상이다.

## ◆ 성민

하나님은 아브라함의 후손인 이스라엘 민족을 거룩한 백성으로 삼으셨다. 시내산 언약을 맺으신 후 그들을 성민(거룩한 백성), 즉 기업의 백성으로 삼으셨고 세상과 다른 구별된 삶을 살길 원하셨다. 구약은 성민인 이스라엘 백성 이야기가 중심을 이루고 있다. 나중에 성민의 지위를 포기한 이스라엘 백성은 하나님의 심판을 받는다.

## ◆ 안식일과 절기

안식일을 지키는 것은 하나님이 이날을 안식하라고 하신 데서 비롯된다. 그런데 인간은 하나님의 말씀을 무시하고 이날조차도 자기 일을 하기에 바빴다. 안식일 법은 이것을 회복하는 의미에서 이스라엘에게 주신 것이며 지키라고 법으로 제정하셨다. 인간은 안식일을 지킴으로 하나님이 세상을 창조하셨음을 인정하고 선포하게 된다. 유월절·초실절·초막절 등의 절기는 이를 확장한 개념이다.

## ◆ 장막과 성막과 성전

장막은 족장들이 유목민으로 살아가면서 이동할 때 치는 천막을 말한다. 한마디로 이동식 집이다. 이것은 하나님이 계시는 거룩한 장소인 성막으로 확장되며 이는 하나님이 기나긴 광야생활 속에서 이스라엘과 함께 하신 것을 의미한다. 정착하지 않고 계속 이동하는 성막이었다. 가나안에 정착하면서 건물로 지어진 것이 성전이다. 성전은 거룩하신 하나님이 임재하는 곳으로 예루살렘 한곳에만 성전이 있었다.

## ◆ 제사와 제물과 제사장

죄를 지은 인간은 하나님께 나아와 죄 사함을 받고 관계를 회복하는데 대부분 제사를 통해 이루어진다. 제물은 양과 소와 비둘기와 곡식 등이다. 사람의 형편과 처지에 따라 제사의 방식과 규모도 다르다. 이때 드리는 제물은 조그만 허물도 없어야 한다. 그리고 인간 마음대로 드리는 것이 아니라 하나님이 정하신 규례를 따라야 한다. 이것을 관할하는 사람들이 제사장이다. 구약성경 레위기는 제사에 필요한 여러 지침들을 제시해 놓았다

## ◆ 남유다와 북이스라엘

이스라엘 역사는 통일왕국 시대와 분열왕국 시대로 나뉜다. 통일왕국은 이스라엘이 하나된 시대로 사울과 다윗, 솔로몬왕이 통치했다. 이스라엘은 12지파로 구성된다. 분열왕국은 남쪽인 유다와 베냐민 2개의 지파와 나머지 10개 지파는 북쪽지파로 북이스라엘이다. 북이스라엘은 남유다보다 일찍 앗수르 제국에게 멸망당하며 약 130년 후 남유다는 바벨론에게 멸망당한다.

## ◆ 우상과 바알

이스라엘의 역사는 하나님을 믿을 것인가, 아니면 바알을 숭배할 것인가 선택의 싸움이었다. 하나님은 세상을 만드신 창조주다. 우상은 인간이 자기의 욕심을 위해 만든 가짜 신에 불과하다. 가나안의 많은 우상들 중 대표적인 것이 바알이다. 가나안 사람들이 믿는 바알신과 이스라엘이 믿는 하나님은 늘 대적관계에 있다. 결국 이스라엘이 바알신을 섬기면서 예루살렘성이 패망하고 바벨론으로 포로로 잡혀 간다.

## ◆ 보혈과 어린양의 피와 십자가의 피

보혈(寶血)은 '보배로운 피'란 뜻이다.(벧전 1:18-19) 세상에는 많은 피가 있다. 구약의 제물로 사용된 어린양의 피가 있다. 구약의 제사는 짐승의 피로 드렸다. 그 피는 일시적인 효과만 있어서, 온전하지 않기에 매일 짐승으로 제사를 드려야 했다. 짐승의 피는 인간의 죄를 대신하기에 부족하다. 대신 죽을 인간의 피가 필요한데 그 피가 십자가에 죽으신 예수의 피다. 이런 점에서 예수의 피는 보배로운 피다. 이것이 십자가의 보혈이며 이 피로 인하여 인간은 죄 사함을 받았고 영원히 심판에 이르지 않게 되었다.

## ◆ 할례와 세례

할례는 구약의 이스라엘 백성이 다른 민족과 구별하는 의미에서 몸의 일부를 칼로 자르는 것이다. 이스라엘의 모든 남자는 태어난 지 8일 만에 할례를 행했다. 하나님께 특별히 선택받았다는 것을 의미한다. 구약의 할례는 확장되어 후에 세례로 발전된다. 세례는 신약에서 그리스도인이 구원받았다는 표징으로 물로 씻음을 받는 것이다. 세례를 받을 때 물 속에 한번 들어갔다 나오는 것은 자신이 죄로 죽었고 다시 살았다는 것을 의미한다.

## ◆ 이스라엘의 12지파

이스라엘은 12지파로 구성되었다. 12지파는 야곱의 열두 아들에서 시작된다. 야곱은 나중에 이스라엘로 이름을 바꾼다. 12지파에 요셉의 두 아들인 에브라임과 므낫세가 포함되고 대신 요셉은 빠진다. 그리고 레위가 열외 지파가 된다. 그들은 기업을 받지 않고 대신 하나님이 먹여주시고 하나님의 일을 전무한다. 레위 지파는 성막 봉사와 제사의 일을 주로 담당한다. 12지파 중 선두 지파는 유다 지파로 여기서 예수님이 태어난다.(마태복음 1장)

# 04 하나님에 대해 1

## 주제성경

여호와는 긍휼이 많으시고 은혜로우시며 노하기를 더디 하시고 인자하심이 풍부하시도다 자주 경책하지 아니하시며 노를 영원히 품지 아니하시리로다. ( 시 103:8-9)

그림표로 점검하기( 그림표에 나오는 신앙 개념을 자신이 이해한 말로 설명하며 현재 상태를 점검한다)

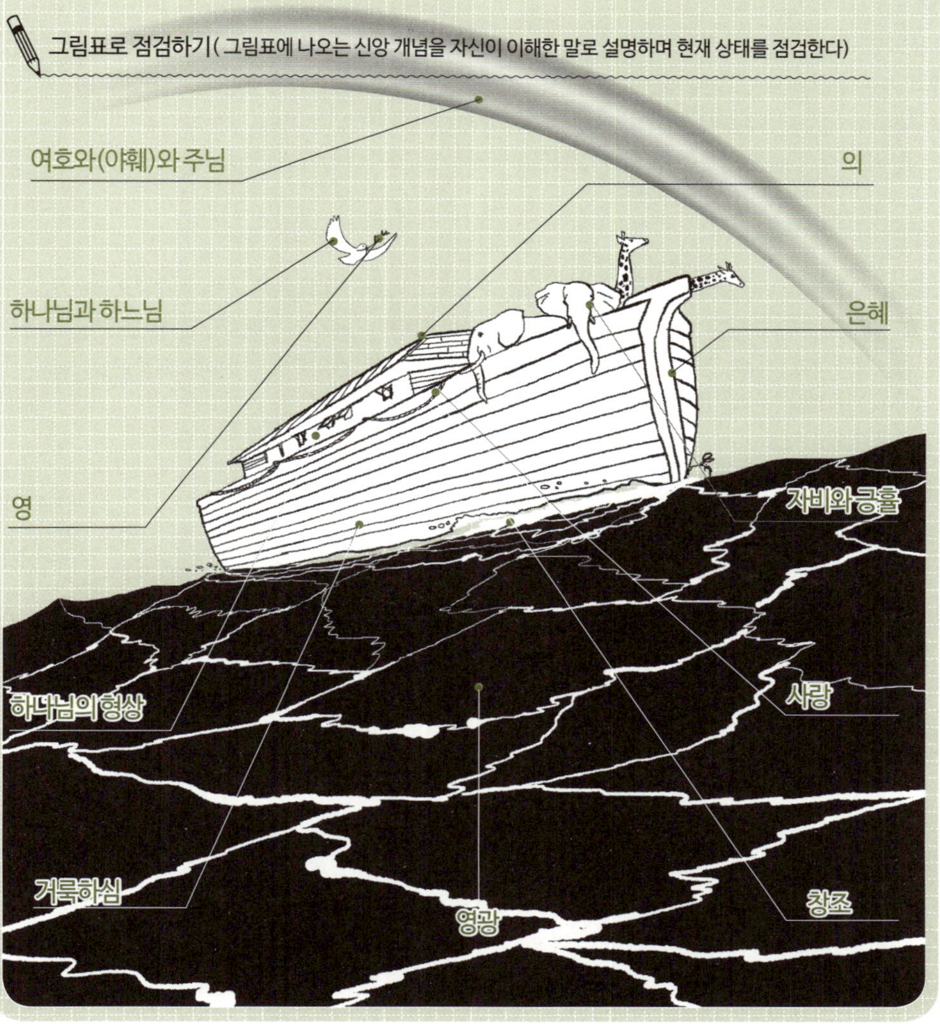

## ◆ 여호와(야훼)와 주님

여호와는 성경에 나오는 하나님의 이름을 가리키는 고유명사로 영어식 표기이다. 기독교에서는 '야훼' 혹은 '여호와'로 읽는다. 유대인은 여호와라고 부르는 것을 꺼린다. 아버지의 이름을 함부로 부르는 것은 망령되다고 생각하기에 여호와를 '아도나이(나의 주님이란 뜻)'로 바꾸어 읽는다. 하나님은 스스로 존재하는 분으로 엄밀히 보면 이름이 존재하지 않는다. 이름을 부르는 순간 그 크신 존재가 단어에 한정되기 때문이다.

## ◆ 하나님과 하느님

개신교에서는 하나님이라 부른다. '하나'는 유일하신 하나님이라는 뜻을 강조하고 있다. 가톨릭은 하느님이라 부른다. 하느님은 하늘에 계신 분이라는 뜻으로 포괄적 의미를 지니고 있다. 둘 다 성경적인 의미에서는 사용이 가능하다. 마태복음에서는 '하늘나라'이지만 마가복음에서는 '하나님의 나라'로 사용한다. 하지만 하느님은 우리나라에서는 다른 신과 차별성이 없어 자칫 범신론적인 의미로 사용될 오해가 있다.

## ◆ 영

성경에서 말하는 '영'은 눈에 보이지 않는 하나님을 지칭한다. 영은 시공간을 초월하여 존재하고 한계가 없으며 육체를 지니고 있지 않다. 영은 두 가지가 존재한다. 악령과 성령이다. 물질적, 일시적인 것을 강조하는 악한 영과 영원한 것을 강조하는 성령이 있다. 영이라고 무조건 다 믿으면 안되고 영을 분별해야 한다. 성경을 통해 진리의 영을 구분할 수 있다.

## ◆ 하나님의 형상

하나님은 인간을 만드실 때 하나님의 형상대로 창조하셨다. 이것은 하나님이 인격적인 존재라는 의미다. 하나님의 형상은 일반 신에게는 없는 개념이다. 인간이 하나님의 형상을 닮았다는 것은 곧 하나님과 인간이 교제한다는 뜻이며 지성과 감성과 의지를 가졌다는 의미다. 하나님의 것을 인간이 함께 공유하고 있는데 이것이 하나님의 형상이라는 말에 포함되었다.(창1:26-27) 세상을 지배하고 관리하고 책임을 지는 것은 하나님의 형상 모습이다. 인간이 기도와 말씀으로 하나님과 소통할 수 있다는 것은 인간에게 하나님의 형상이 있음을 의미한다.

## ◆ 거룩하심

하나님이 거룩하다는 것은 하나님과 인간은 구별된다는 뜻이다. 하나님을 편하게 인간의 방식으로만 생각하면 안된다. 하나님에게는 인간과 전혀 다른 부분이 존재하는데 그것을 알아야 하나님을 제대로 믿을 수 있다. '거룩'은 '죄악에서부터 자유하다'의 뜻을 지니고 있다. 인간은 죄를 그냥 지나치지만 하나님은 거룩하시기에 그것을 용납하지 않고 심판하신다.

## ◆의

성경의 '의'는 공의와 정의를 말한다. 불의하다는 것은 불공평하고 정의롭지 못한 것을 말한다. 하나님은 의로우시기에 불의에 대해 분노하신다. 그리고 심판하신다. 구약에서 말하는 하나님 의가 신약에 나타났는데 그것이 그리스도이다. 예수님이 십자가에 죽으시면서 우리를 사랑하고 용서하심으로 하나님의 완전한 의가 나타났다. 누구든지 이런 예수님을 마음으로 믿고 받아들이면 의인이 된다.

## ◆은혜

'은혜'란 '대가를 바라지 않고 거저 주는 호의'를 말한다. 하나님이 주시는 것은 모두 은혜다. 하나님은 모든 것을 거저 주신다. 누구에게나 공평한 차별 없이 주시는 것이 은혜다. 해와 공기와 물과 바람과 식물 등 중요한 것은 모두 거저 주시는 하나님의 은혜다. 최고의 은혜는 인간의 죄를 위해 대신 십자가에 죽으신 예수님이다.

## ◆자비와 긍휼

자비와 긍휼은 같은 뜻으로 사용된다. 긍휼은 '자궁'이라는 뜻으로 어머니의 희생적인 모습을 말해준다. 부모가 자녀를 불쌍히 여기듯이 하나님은 인간을 불쌍하게 여기며 무조건적인 사랑을 베푸신다. 자비의 마음이 임하면 행위와 상관없이 사랑을 베풀게 된다. 하나님은 계속 죄를 짓는 인간을 향해 자비와 긍휼을 베푸신다. 자비는 구약성경에 계속 나오는 하나님의 성품이다.

## ◆사랑

하나님을 표현하는 단 한 개의 단어는 사랑이다. 사랑은 상대방에게 선하고 좋은 것이다. 모든 것을 아낌없이 타인에게 내어주는 것이다. 또한 사랑은 상대방을 향한 뜨거운 열망이기도 하다. 하나님은 인간을 향해 이런 사랑을 베푸신다. 성경에는 하나님이 인간을 향해 베푸신 사랑의 이야기가 담겨져 있다. 우리가 하나님의 사랑을 알려면 성경을 읽으면 알 수 있다. 하나님은 독생자를 보내어 우리를 위하여 대신 죽으심으로 우리를 살리셨다. 이것이 하나님의 사랑이다. 하나님의 사랑은 말이 아닌, 모든 것을 바친 희생이다.

## ◆창조

창조는 무(無)에서 유(有)를 이루는 것이다. 이것은 오직 하나님만이 할 수 있다. 세상은 우연히 존재하는 것이 아니라 하나님이 창조하셨기에 존재한다. 거기에 인간도 포함된다. 하나님이 인간과 세상을 창조하셨기에 그것을 이루고 인도하시는 분도 하나님이시다. 창조주 하나님은 못할 일이 없으시다. 이것을 온전히 믿는 것이 신앙이다.

## ◆ 영광

그리스도인이 가장 많이 쓰는 언어 중 하나가 "하나님께 영광 돌린다"는 말이다. 영광이란 하나님의 성품을 드러내는 것이다. 우리가 하는 일을 통하여 세상 사람들에게 하나님이 어떤 분인지 드러내는 것이다. 내가 드러나는 것이라면 하나님의 이름을 드러내는 것은 아름다운 일이다. '하나님께 영광'은 그리스도인의 모든 삶에 있어 최종목표라고 할 수 있다.

## tip - 성경에 나오는 하나님의 일곱 가지 이름

1.여호와 이레 - 여호와께서 준비하심 ( 창22:13-14)

2.여호와 닛시 - 여호와는 나의 깃발(출17:15)

3.여호와 샬롬 - 여호와는 나의 평강이라(사사기6:24)

4.여호와 로이 - 여호와는 나의 목자(시 23:3)

5.여호와 삼마 -여호와께서 거기 계시다(에스겔 48:35)

6.여호와 라파 -치료하시는 여호와(출15:26)

7. 여호와 엘사다이 - 전능하신 여호와(창17:1)

**그림표로 설명하기**

신앙 개념을 다 공부했으면 앞의 그림표를 보고 배운 신앙 개념을 설명해 본다.
설명이 잘 안되는 부분은 다시 내용을 공부한 후 그림표를 보고 반복하여 설명한다.

# 05 하나님에 대해 2

## 주제성경

그는 반석이시니 그가 하신 일이 완전하고 그의 모든 길이 정의롭고 진실하고 거짓이 없으신 하나님이시니 공의로우시고 바르시도다. (신명기 32:4)

**그림표로 점검하기**( 그림표에 나오는 신앙 개념을 자신이 이해한 말로 설명하며 현재 상태를 점검한다)

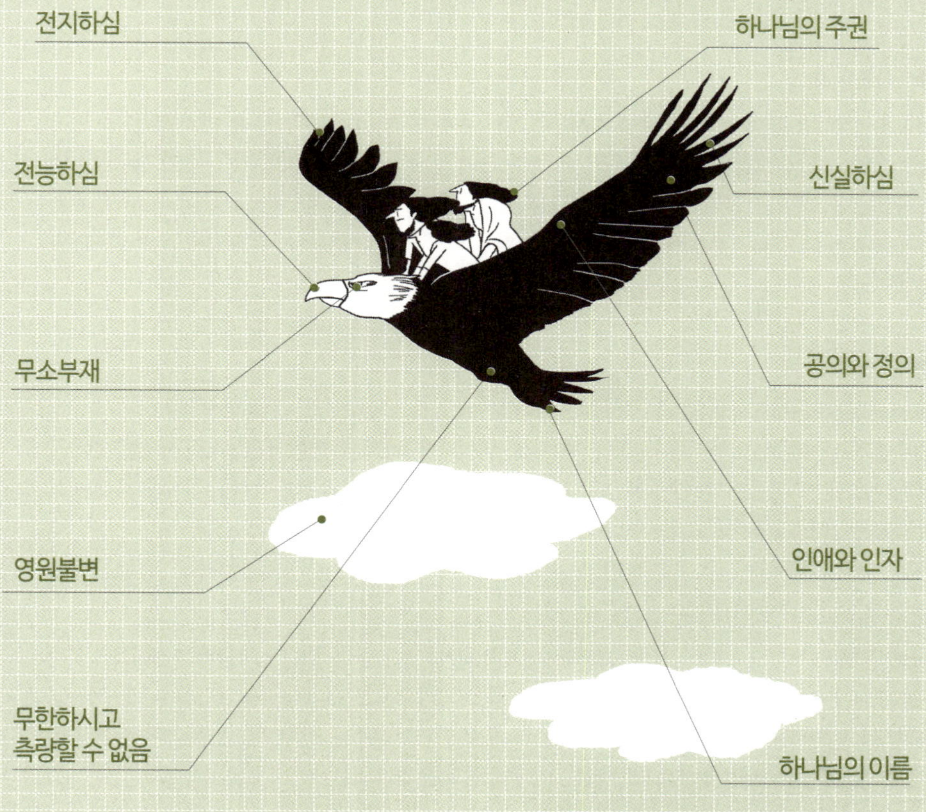

## ◆ 전지하심

하나님은 모든 것을 알고 계신다. 이것이 하나님의 전지성이다. 인간은 내가 보는 것, 경험한 것 이상은 알 수 없다. 인간은 지금 있는 것만 알고 미래는 모른다. 그러나 하나님은 나의 과거, 현재, 미래를 모두 알고 계신다. 내가 태어나기 전부터 모든 것을 알고 계신다. 내가 생각하고 있는 모든 것을 아신다. 내가 모르는 것까지 하나님은 이미 알고 계신다. 이런 하나님의 전지성 앞에 인간은 입을 다물 수밖에 없다. 하나님 앞에서 안다고 하면 그것은 모르는 것이다.

## ◆ 전능하심

하나님은 모든 것을 할 수 있다. 못하시는 것이 없고 못 이루실 일이 없다. 하나님을 믿는 자는 못할 일이 없다. 인간은 못하지만 하나님이 하시면 모든 것을 할 수 있다. 사람은 할 수 없는 일이 많지만 하나님은 못하실 일이 없다. 우리가 믿는 하나님은 불가능이 없는 분이다. 이런 하나님을 내가 믿는다는 것은 행복한 일이다. 이런 사람은 어떤 경우에도 포기하지 않는다.

## ◆ 무소부재

하나님은 어디나 계신다. 하나님은 같은 시간에 모든 곳에 존재하신다. 인간은 시공간의 제한으로 한곳에만 존재하지만 하나님은 한곳에 있으면서도 모든 곳에 계신다. 하나님은 어디나 계시기에 하나님을 믿는 사람은 어디를 가든 불안해 할 필요가 없다. 특정한 곳에만 하나님을 제한하는 것은 하나님을 잘 믿는 것이 아니다. 하나님은 어디나 계시기에 모든 것을 다 보고 계신다. 하나님은 하늘 끝과 땅 끝 어디에나 존재하신다.

## ◆ 영원불변

하나님은 항상 계시면서 영원히 존재하신다. 하나님은 시작도 마지막도 없는 영원하신 분이다.
땅이 생기기 전에 계신 분이 하나님이다. 하나님은 영원토록 동일하고 변함이 없으시다. 세상은 변하지만 하나님은 변하지 않는다. 한번 하신 약속은 끝까지 지키신다. 말씀과 행동이 똑같다. 이런 점에서 성경 말씀은 그대로 이루어지고 영원하다. 영원히 변하지 않기에 하나님은 진리가 되신다.

## ◆ 무한하시고 측량할 수 없음

하나님은 제한이 없다. 다만 자신의 성품에 의해서만 제한을 받으신다. 인간은 유한한 존재이지만 하나님은 무한한 존재다. 인간이 하나님을 제한할 수 없다. 인간의 생각으로 하나님을 제한하는 것은 하나님을 제대로 이해하는 것이 아니다. 하나님이 하시는 일은 인간의 생각을 초월한다. 인간은 하나님을 감히 측량할 수 없다. 하나님을 함부로 판단하는 것은 인간의 오만이다. 죄는 거기서부터 시작된다.

## ◆하나님의 주권

이 세상을 주관하고 통치하시는 분은 오직 하나님 한 분이시다. 하나님만이 우주 안에서 절대적이며 유일한 지배권을 가지고 있다. 모든 주권은 하나님으로부터 온다. 모든 출발이 하나님이라는 의미다. 세상은 모두 하나님의 것이다. 우리 인간도 하나님의 소유다. 물질도 모두 하나님의 것이다. 우리에게 있는 것은 우리 것이 아니라 하나님이 잠시 맡기신 것이다. 시간, 물질, 생명, 소유 모두가 주님의 것이다. 하나님이 오늘 밤이라도 내 생명을 불러 가시면 내가 가진 것은 하나도 없다. 심지어 나조차도 내것이 아닌 하나님의 것이다.

## ◆신실하심

하나님은 자신이 한 일에 대해 끝까지 약속을 이행하신다. 자신이 한 말씀을 책임지고 끝까지 지키신다. 신실하심과 충성과 성실은 같은 의미다. 하나님은 인간을 만드시고 인간의 삶에 대해 끝까지 책임지신다. 예수님을 세상에 보내신 것은 하나님의 신실하심의 명백한 증거다. 십자가는 인간을 끝까지 사랑하고 약속을 지키신다는 확실한 증표다. 우리의 믿음은 이런 하나님의 신실하심을 따르는 것이다.

## ◆공의와 정의

하나님은 공평하시고 정의로우신 분이다. 하나님은 누구를 차별하거나 편애하는 분이 아니다. 공의가 하나님에 대한 것이라면 정의는 인간에 대한 것이다. 하나님의 뜻은 불변하고 완전하시기에 거짓과 구별된다. 하나님과 맺은 약속을 어기면 당연히 심판을 받는다. 이것은 하나님의 공의 때문이다. 이웃에게 잘못을 행하면 징벌을 내리신다. 이것이 하나님의 정의다.

## ◆인애와 인자

인애와 인자는 같은 단어로 사용된다. 하나님의 불변의 사랑을 말한다. 보통 윗사람이 아랫사람에게 베푸는 무한한 사랑을 인애라고 한다. 이것은 하나님에게 있는 속성이다.

하나님의 인애로 인해 인간은 여전히 사랑을 받고 있다. 사랑 받을 자격이 없고 염치도 없지만 여전히 친절을 베푸신다. 우리는 이것을 하나님의 사랑이라고 또 인애라고 말한다. 인애가 임하면 세상의 모든 것을 감싼다. 마치 바다가 모든 물을 흡수하듯이….

## ◆하나님의 이름

모든 사물에는 이름이 있다. 하나님도 자신을 지칭하는 이름을 알려주셨는데 그것은 여호와이다. 출애굽기 3장 15절에 처음으로 '여호와(히브리어로 야훼)'라는 이름이 나온다. 하나님의 이름은 또한 하나님의 속성들과 결합하여 합성어의 형태로 성경에 사용되고 있다. 예를 들면 '여호와 이레', '여호와 닛시', '여호와 샬롬', '여호와 라파' '여호와 삼마' 등으로 불려졌다. 그러나 하나님은 '스스로 존재하는 분'이기에 사실 이름이 없다. 우리가 하나님의 이름을 규정할 수 없다. 가장 좋은 하나님의 이름은 나의 모든 것을 책임져 주시는 "아버지"라고 부르는 것이다.

# 06 예수님에 대해 1

## 주제성경

그는 근본 하나님의 본체시나 하나님과 동등됨을 취할 것으로 여기지 아니하시고 오히려 자기를 비워 종의 형체를 가지사 사람들과 같이 되셨고  사람의 모양으로 나타나사 자기를 낮추시고 죽기까지 복종하셨으니 곧 십자가에 죽으심이라. (빌립보서 2:6-8)

그림표로 점검하기 (그림표에 나오는 신앙 개념을 자신이 이해한 말로 설명하며 현재 상태를 점검한다)

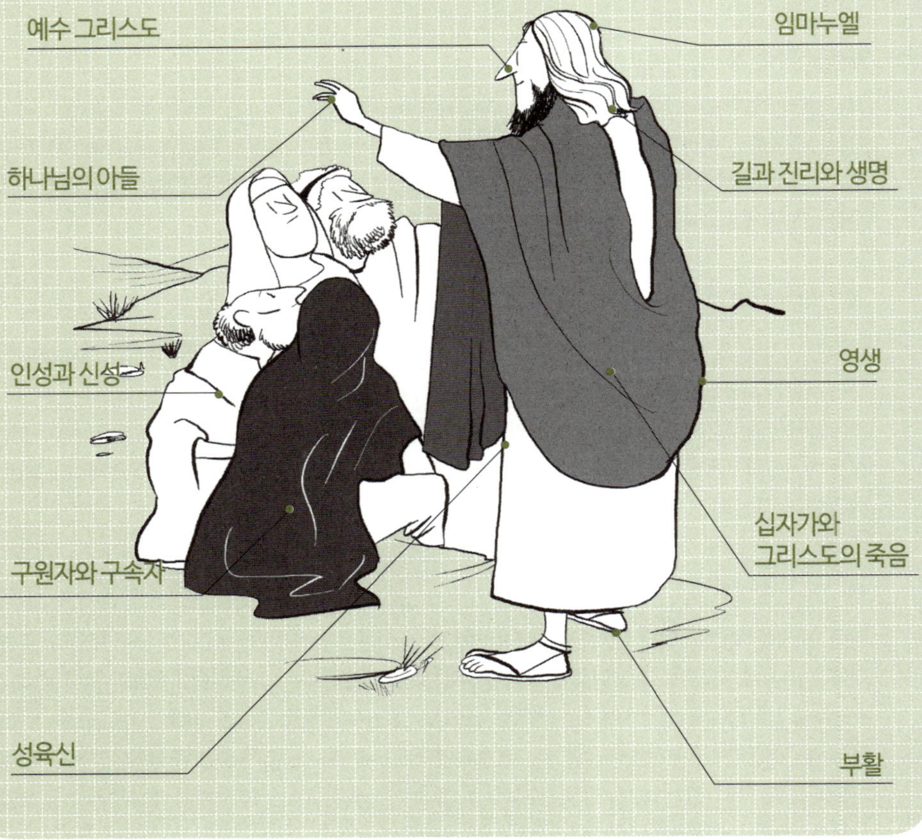

## ◆ 예수 그리스도

예수는 '구원자'라는 뜻이다. 그리스도라는 헬라어다. 히브리어로는 '메시야'이다. 예수 그리스도는 '인류를 구원할 메시야라는 의미를 담고 있다. 예수라는 말은 구약의 '여호수아', '호세아'라는 말과 같다. 예수라는 이름은 사람들이 사용한 흔한 이름으로 인성을 강조한 단어로 볼 수 있다. 그러나 '그리스도'는 신적인 개념이기에 인간에게는 사용하지 않았다. 예수님에게 '그리스도'라고 하는 것은 예수님이 곧 하나님이라는 의미다.

## ◆ 하나님의 아들

예수님에게 붙여진 명칭은 하나님의 아들이다. 마가복음 1장 1절에 "하나님의 아들 예수 그리스도 복음의 시작이라"고 기록되었다. 성경에 예수님은 자신을 하나님의 아들로 생각하여 하나님을 향하여 "아버지" 라고 불렀다. 하나님도 예수님을 "내 사랑하는 아들"이라고 했다. 이것은 예수님이 곧 하나님이라는 뜻이다. 아버지와 아들은 다르지만 본질적인 뜻은 동일한 개념이다. 이것을 문자적으로 이해하여 아버지와 아들을 수직적인 개념으로만 받아들이면 안된다.

## ◆ 인성과 신성

예수님에게는 두 가지 성품이 있다. 예수님은 참인간이요 참신이다. 예수님의 인성과 신성을 바르게 이해하지 못하면 예수님을 바르게 믿는 것이 아니다. 예수님은 인간 중에 죄가 없는 유일한 의인이다. 4대 성인과 비교할 수 없다. 또 예수님은 신성을 가진 보이는 하나님이시다. 아울러 인간의 몸을 가지셨다. 둘 중 어느 하나만 강조되면 안된다.

## ◆ 구원자와 구속자

성경에서 말하는 구원자는 예수님을 말한다. 인간을 구원할 분은 예수님 이외에 있을 수 없다. 인간이 되셔서 인간의 죄를 대신하여 죽은 분이 예수님이다. 그 모두가 인간을 구원하기 위해서다. 구속은 대가를 치른다는 의미다. 구원은 거저 이루어지는 것이 아니라 죄의 대가를 치러 이루어지는 일이다. 죄의 대가는 인간의 죄를 대신해서 형벌을 받은 것이다. 세상에 예수 이외에 이런 분이 없다. 예수님만이 우리의 구원자이면서 구속자가 되신다.

## ◆ 성육신

하나님이신 예수님이 인간의 몸을 입고 이 땅에 오신 것을 성육신이라고 말한다. 거룩한 분이 거룩하지 못한 인간의 몸을 입고 오신 것이다. 인간의 이해로는 불가능하다. 창조주가 피조물이 된다는 것은 인간의 힘으로는 불가능하지만 하나님은 능히 하실 수 있다. 인간을 위해 십자가에 매달려 대신 죽으신 것은 죄인된 인간을 구원할 수 있는 유일한 방법이었기 때문이다.

## ◆ 임마누엘

'하나님이 우리와 함께 하신다'는 뜻을 가진 히브리어다. 이것은 예수님의 또 다른 이름이다. 예수님은 하나님이 우리와 함께 하신다는 것을 실제적으로 보여주신 분이다. 예수님을 통해 우리는 하나님이 우리와 어떻게 함께 하는지 알게 된다. 하나님은 우리를 위해 죽으실 정도로 인간을 사랑하시는 분이다. 임마누엘은 우리와 동행하시는 하나님에 대한 믿음을 말한다. 예수님을 통하여 우리는 하나님이 인간을 얼마나 사랑하는지 알 수 있다.

## ◆ 길과 진리와 생명

예수님은 "나는 길이요 진리요 생명이라" (요한복음 14:6)고 말씀하셨다. 예수님은 인간이 닮아야 할 참 모델로 그분만이 인생의 길과 진리와 생명이 되신다. 예수님 안에 길이 있고 그분을 만나면 진리에 이르게 되고 예수님 안에 있으면 생명(영생)을 얻게 된다. 누구든지 예수 안에 있으면 우리가 그렇게 원했던 길과 진리와 생명을 얻을 수 있다.

## ◆ 영생

성경에는 영생이라는 말이 많이 나온다. 영생은 영원히 사는 것을 말한다. 영생을 얻지 못하면 이 세상의 일이 아무리 대단해도 의미가 없다. 영원하지 않은 것은 우리가 바라보아야 할 목표가 아니다. 영원한 것을 좇는 것이 가치 있는 삶이다. 영생은 오직 예수님을 통하여 얻을 수 있고 예수님을 의미한다. 예수님을 만나면 누구든지 영생할 수 있다.

## ◆ 십자가와 그리스도의 죽음

십자가는 고대사회에서 죄인들을 죽이는 사형틀이었다. 십자가는 저주받은 사람들이 오르는 형틀이다. 인간이 죽음에서 해방되는 길은 자기가 지은 죄를 해결해야 한다. 그런데 죄인된 인간은 스스로 해결할 수 없다. 누군가 대신 죽어야 하는데 그것이 십자가 죽음이다. 십자가는 인간의 죄를 대신하여 죽으신 예수님의 죽음을 말한다. 그가 죽음으로 우리는 영생을 얻었다.

## ◆ 부활

예수님의 십자가 죽음과 늘 함께하는 사건이 부활이다. 십자가는 인간의 죄를 위해 죽은 것이라면 부활은 죄에서 해방되어 새롭게 몸이 살아난 것을 말한다. 죄인된 인간의 몸이 아닌 죄가 없는 새로운 몸으로 부활한다. 예수님의 부활은 인간이 죽어도 부활할 수 있는 길을 보여준 최고의 기쁜 소식이다. 누구든지 예수님을 믿으면 죄를 용서받고 다시 부활하여 영원히 살게 된다. 부활은 예수님을 믿는 자에게 주시는 영원한 선물이다.

# 07 예수님에 대해 2

## 주제성경

나는 알파와 오메가요 처음과 마지막이요 시작과 마침이라. (요한계시록 22:13)

그림표로 점검하기 (그림표에 나오는 신앙 개념을 자신이 이해한 말로 설명하며 현재 상태를 점검한다)

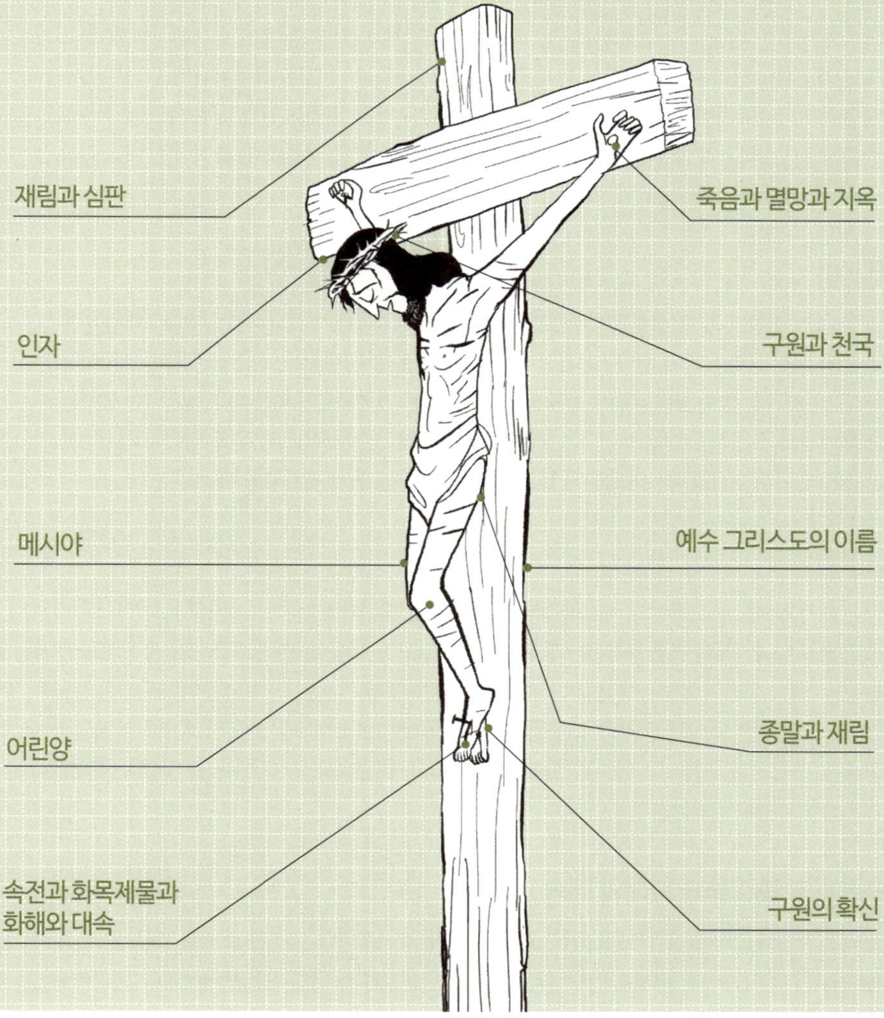

## ◆재림과 심판

예수님은 십자가에 죽으시고 부활하시고 하늘로 승천하셨다. 그리고 다시 하나님이 되셨다. 그리고 하나님 되신 예수님은 다시 세상에 내려오신다. 이것이 재림이다. 초림 예수님은 아기로 태어났지만 재림 예수님은 심판주로 오신다. 초림은 인류를 구원하기 위한 것이라면 재림은 죄를 지은 모든 인간을 심판하기 위해서다. 이때는 자기가 행한 죄의 모습대로 심판을 받는다. 죄를 지은 사람은 영원히 죽는다. 하지만 예수님을 믿는 사람은 영생한다.

## ◆인자

예수님은 자신을 인자(人子)라고 말씀하신다. '인자'는 사람의 아들이라는 뜻으로 복음서에 80회 이상 나온다. 인자는 예수님이 자신을 통칭할 때 사용한 독특한 표현이다. 인자는 예수님이 한 인간으로서 33년간 사셨고 하나님의 뜻에 전적으로 순종한다는 의미를 갖고 있다. 이것은 인간도 예수님처럼 하나님의 뜻에 순종하면서 살아가야 함을 말해준다. '인자'는 전적으로 순종하는 사람에게 붙여진 칭호다. 이런 점에서 예수님에게 이 칭호는 가장 적합하다.

## ◆메시야

'메시야'는 히브리말이다. '기름부음'의 뜻으로 제사장, 왕, 선지자에게 해당하는 용어다. '메시야'를 헬라말로 번역하면 '그리스도'가 된다. '메시야'와 '그리스도'는 같은 뜻이다. 신약성경에서 '메시야'라는 말보다 '그리스도'가 많이 사용된 것은 신약성경이 헬라어로 기록되었기 때문이다. 메시야는 인류를 구원하는 하나님의 기름 부음 받은 종이다. 이스라엘 백성은 예수님이 오실 때까지도 여전히 메시야를 기다렸다. 유대인은 예수님을 메시야로 믿지 않고 지금도 그들의 구원자 메시야를 기다린다.

## ◆어린양

어린양은 제사에 드리는 제물이다. 제사에 대한 내용은 주로 레위기에 나온다. 제사를 통해 인간은 지은 죄를 회개하고 하나님에게 죄를 용서받는다. 제사는 하나님의 공의를 말한다. 죄를 지은 것에 대한 대가다. 제사는 사람의 생명이 아닌 짐승을 대신하여 드림으로 죄를 용서 받는 의식이다. 이때 필요한 제물이 어린양이다. 어린양이 죽으면 인간의 죄는 일시적으로 용서받는다. 예수님은 구약의 어린양 제물과는 비교할 수 없는 온전한 제물이다. 예수님은 세상 죄를 지고 어린양으로 오셔서 우리를 대신해 죽으셨다. 제물이 짐승에서 사람으로 옮겨간 것이다.

## ◆속전과 화목제물과 화해와 대속

예수님의 십자가의 의미를 설명하는 단어가 있으니 '속전'의 죽음이다. 속전은 포로를 석방시켜주기 위해 값을 지불할 때 사용하는 용어다. 예수님의 죽음은 인간의 죄값을 대신 지불한 죽음이다. 화목제물은 속죄를 위한 희생제물을 말한다. 화목제물은 피해자와 가해자를 화해시키는 제물이다. 예수님은 하나님과 인간 사이에서 인간의 죄를 해결하는 화목제물이다. 그리하여 드디어 하나님과 인간의 화해가 이루어졌다. 대속은 대신 죽은 것을 말한다. 예수님이 인간을 위해 대신 죽으셨다.

## ◆ 죽음과 멸망과 지옥

죽음은 영혼과 몸이 분리되는 것이다. 죄를 지은 인간은 그 형벌로 죽는다. 죄가 없다면 인간은 죽지 않을 것이다. 인간이 죽으면 몸은 흙으로 돌아가고 영혼은 하나님에게 가든지 아니면 하나님을 떠나든지 한다. 하나님을 믿는 사람은 하나님 안에 영원히 살지만, 믿지 않으면 하나님 없는 곳에서 멸망당하게 된다. 멸망은 하나님 없이 영원히 사는 가장 무서운 것을 의미한다.  생각해 보라. 죽은 이후에 이런 형벌이 영원히 계속된다고 생각하면 정말 끔찍하다. 그곳이 바로 지옥이다.

## ◆ 구원과 천국

구원은 죽음에서 건짐을 받는 것을 말한다. 인간이 구원을 받는다는 것은 죄에서 해방된다는 것이고 영원한 멸망에서 빠져나오는 것을 의미한다. 인간의 힘으로는 누구도 구원을 받지 못한다. 인간은 죄의 값을 청산하지 못했기에 스스로 그 대가를 받아 죽음에 이른다. 하지만 예수님이 그 대가를 지불하셨기에 누구든지 예수를 믿으면 심판받지 않고 구원을 얻는다. 구원과 천국은  영생과 같은 개념이다. 구원을 받는다는 것은 것은 영원히 사는 것이고 그곳을 우리는 천국에 간다고 말한다.

## ◆ 예수 그리스도의 이름

기도할 때 마지막에 우리는 "예수님의 이름으로 기도합니다" 라고 말한다. 여기서 이름은  사람의 인격을 의미한다. 기도 중에 주문식 기도가 있다. 단어를 계속 반복하면서 기도하는 것은 다른 종교에도 흔히 있는 일이다. 하지만 기독교는 그런 죽은 기도를 가르치지 않는다. 같은 말을 주문처럼 하는 기도가 아닌 예수님의 이름, 즉 살아 있는 주님의 인격과 성품에 의지하는 것이 성경적인 바른 기도의 모습이다.

## ◆ 종말과 재림

재림은 하늘로 올라간 예수님이 다시 오신다는 것을 뜻한다. 재림의 시간은 곧 세상의 종말이다. 종말과 재림은 같은 의미로 사용된다. 성경에는 초림보다 재림에 대한 내용이 많다. 신약성경의 25구절마다 한 번씩 재림이 나온다. 그만큼 재림이 중요하다는 뜻이다. 그리스도인은 다시 오시는 예수님을 바라보며 살아간다. 세상 어떤 고난도 이기게 하는 힘이 된다. 그리스도인에게 재림 신앙이 분명하면 쉽사리 세상에 타협하거나 세속화되지 않는다.

## ◆ 구원의 확신

구원의 확신이란 내가 예수를 믿어 구원받았고 영원히 산다는 사실을 의심하지 않고 온전히 믿는 상태를 말한다. 물론 구원받았음을 확신하는 것은 인간의 힘이 아닌 하나님이 믿음을 주셔야만 가능한 일이다. 심리적인 확신은 오래가지 못한다. 어디까지나 인본주의적이고 심리적인 믿음이다. 진정한 구원의 확신은 주님이 십자가를 통해 주신 구원의 선물을 말씀을 통해 믿는 것이다. 구원의 확신이 분명해야 그리스도인의 정체성을 가질 수 있고, 세상에서 그리스도인다운 삶을 살 수 있다.

## tip - 예수님이 십자가 위에서 하신 일곱 마디(가상칠언(架上七言))

"아버지여 저들을 사하여 주옵소서 자기들이 하는 것을 알지 못함이니이다" (눅 23:34)

"내가 진실로 네게 이르노니 오늘 네가 나와 함께 낙원에 있으리라" (요 19:26-27)

"여자여 보소서 아들이니이다… 보라 네 어머니라" (요 19:26-27)

"나의 하나님, 나의 하나님, 어찌하여 나를 버리셨나이까" (마 27:46)

"내가 목마르다" (요 19:28)

"다 이루었다" (요 19:30)

"아버지여 내 영혼을 아버지 손에 부탁하나이다" (눅 23:46)

### 그림표로 설명하기

신앙 개념을 다 공부했으면 앞의 그림표를 보고 배운 신앙 개념을 설명해 본다.
설명이 잘 안되는 부분은 다시 내용을 공부한 후 그림표를 보고 반복하여 설명한다.

# 08 성령님에 대해

## 주제성경

보혜사 곧 아버지께서 내 이름으로 보내실 성령 그가 너희에게 모든 것을 가르치시고 내가 너희에게 말한 모든 것을 생각나게 하리라. (요한복음 14:26)

그림표로 점검하기 (그림표에 나오는 신앙 개념을 자신이 이해한 말로 설명하며 현재 상태를 점검한다)

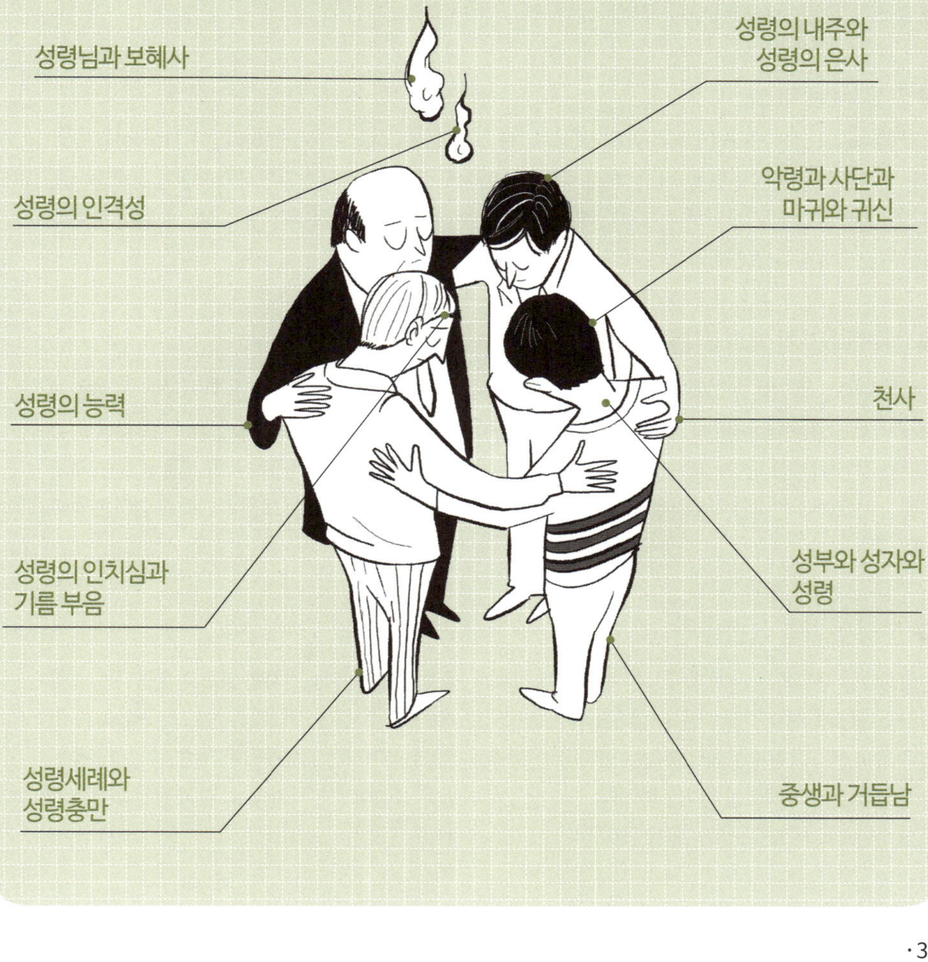

## ◆ 성령님과 보혜사

성령은 거룩한 영으로 '하나님의 영' 또한 '그리스도의 영'이라고도 한다. 성경은 성령을 '보혜사(保惠師)'(요14:26)라고 말한다. 즉 보호하고 은혜를 베푸시는 스승이라는 말이다. 원어의 뜻으로 보면 우리를 곁에서 위로하시는 상담자와 같은 분이다. 성령은 '진리의 영'이다. 성부 하나님, 성자 하나님처럼 성령 하나님이라고 부르면 좋다.

## ◆ 성령의 인격성

성령은 눈에 보이지 않지만 우리 안에 거하신다. 그리고 우리의 마음과 생각을 주장하신다. 믿는 사람 속에 거하신다. 성령은 물체가 아닌 인격이다. 비록 눈에 보이지 않지만 인격적인 영이다. 우리가 잘못된 길로 가면 탄식하고 우리를 위해 기도하신다. 진리의 말씀을 생각나게 하고 기억하게 하고 깨닫게 하신다. 스승이 되어서 말씀을 이해하고 은혜를 받도록 도와주고 가르치신다.

## ◆ 성령의 능력

성자 예수님이 성부 하나님과 동등한 신적인 능력을 가지셨듯이 성령도 동등한 하나님이시다. 성령도 영원한 존재이며 신적인 능력을 하나님처럼 동등하게 가지고 계신다. 천지를 만드시고 새롭게 창조하시는 신적인 능력을 성령도 동일하게 가지고 계신다. 성령은 단순한 능력이 아니다. 인격적으로 힘을 주시며 말씀에 순종하는 사람에게 역사하신다.

## ◆ 성령의 인치심과 기름 부음

성령은 예수님을 믿는 사람에게 임하신다. 이것은 마치 도장(인)을 찍는 것과 같다. 한번 찍은 도장은 지워지지 않고 영원하다. 마찬가지로 성령이 임한 사람에게 "성령의 인을 쳤다"고 말한다. 기름 부음을 받았다는 것은 거룩한 하나님의 영이 기름을 붓는 것처럼 임한다는 말이다. 성경에 기름 부음을 받는 것은 구별된 사람이나 선택된 지도자들에게 주어지는 특별한 은혜다. 지금은 믿는 모든 사람에게 성령은 임하신다.

## ◆ 성령세례와 성령충만

성령세례는 구원받는 자에게 주시는 하나님의 은혜다. 물로 세례를 받는 것처럼 영으로 거듭나는 것을 말한다. 물속에 들어갔다 나온 물세례를 넘어 성령으로 거듭나는 사건이 필요하다. 영으로 거듭나는 것은 마음과 생각이 예수님께로 향하는 것이다. 성령세례는 일회성이지만 성령충만은 계속된다. 성령충만은 성령에 온전히 사로잡힌다는 뜻이다. 스데반 같은 사람은 성령이 충만하자 돌로 맞아 죽는 가운데서도 예수님과 같은 모습으로 죽음을 맞이한다.

## ◆ 성령의 내주와 성령의 은사

성령이 우리 속에 계시는 것이 성령의 내주하심이다. 그리스도인은 혼자가 아니다. 성령이 우리 속에 계신다. 우리가 성령의 내주하심을 알면 성령과 교제하게 된다. 성령이 내 안에 계심을 믿으면 성령께 순종하게 되고 성령의 음성을 듣고 하루를 시작한다. 성령의 은사는 예수를 믿는 사람에게 선물로 주신 영적 재능을 말한다. 예를 들면 가르치는 일, 구제, 봉사, 권면, 예언 등이다.

## ◆ 악령과 사단과 마귀와 귀신

성령의 반대가 악령이다. 악령은 악한 일을 한다. 사탄은 타락한 천사로 인격을 가진 영적 존재다. 그래서 인간의 힘으로는 이길 수 없다. 사단은 귀신의 왕으로 그가 부리는 종은 마귀와 귀신들이다. 사단은 죽음의 권세를 잡고 있다. 우리를 죽음과 파멸에 이르게 한다. 사단이 하는 일은 거짓말, 살인, 음모, 수군거림이다( 요8:44). 이런 사단의 운명은 심판에 이르게 되고 이미 패배가 결정되었다. 우리가 사단을 이길 수 있는 길은 성령을 의지하는 데 있다. 진리의 말씀과 기도에 힘쓰면 사단은 우리를 떠나게 된다.

## ◆ 천사

천사는 하나님에게 지음받은 영적 존재다. 인간보다 우월하지만 인간의 눈으로 볼 수 없다. 천사라고 하여 모두 다 같은 것은 아니다. 선한 천사가 있지만 악한 천사도 있다. 악한 천사는 광명의 천사로 위장하여 우리에게 다가온다. 선한 천사는 하나님의 백성을 수종드는 하나님의 종이다. 천사는 하나님을 경배하고 찬양한다. 하나님의 뜻을 이루는 데 수종자로 참여한다.

## ◆ 성부와 성자와 성령

정확히 말하면 성부 하나님, 성자 하나님, 성령 하나님이다. 성경에는 삼위일체 단어가 없다. 피조물인 인간의 생각과 경험으로는 받아들이기 어려운 사실이다. 이것은 인간의 생각을 넘어선 하나님 개념이다. 성경이 말하는 하나님은 삼위일체의 하나님이다. 세 분의 하나님을 분리하면 안된다. 한 분이지만 또한 세 분 하나님이다. 인간의 생각으로 이해하기에는 너무 어렵다. 인간은 하나님을 완전히 이해할 수 없다. 측량할 수 없는 하나님이기에 오히려 우리에게 하나님이 되신다.

## ◆ 중생과 거듭남

중생은 다시 태어난다는 뜻이다. 거듭남도 같은 말이다. 한번 태어난 인간은 다시 태어날 수 없다. 그럼에도 성경은 중생해야 한다고 말한다. 여기서 중생, 거듭남은 육신적인 것이 아닌 영적인 것을 말한다. 죄를 지은 인간은 이미 죄로 죽은 존재다. 그대로 살면 영원한 죽음을 맞이한다. 예수를 믿으면 그 순간 우리는 영적으로 다시 태어나는데 그것을 중생, 거듭남이라고 말한다. 육신이 아닌 영혼이 거듭났다는 뜻이다. 물론 영혼이 거듭나면 육신도 달라진다. 중생은 인간의 힘이 아닌 전적인 성령의 역사다.

# 09 인간에 대해 1

## 주제성경

모든 사람이 죄를 범하였으매 하나님의 영광에 이르지 못하더니 그리스도 예수 안에 있는 속량으로 말미암아 하나님의 은혜로 값없이 의롭다 하심을 얻은 자 되었느니라.(로마서 3:23-24)

### 그림표로 점검하기(그림표에 나오는 신앙 개념을 자신이 이해한 말로 설명하며 현재 상태를 점검한다)

## ◆ 믿음(신앙)

믿음을 가진 사람을 그리스도인이라고 말한다. 그리스도인이 믿는 것은 하나님이다. 우리는 처음과 나중이요, 어제나 오늘이나 영원토록 동일하신 하나님을 믿는다. 많은 신 중에 오직 하나이신 하나님을 믿는다. 약속하신 하나님의 신실하심을 온전히 신뢰하는 것이 믿음이다. 바른 믿음을 가지려면 하나님을 아는 지식(말씀)에 근거해야 한다. 그렇지 않으면 자기 생각으로 믿을 수 있다. 이렇게 되면 주변 환경에 의해 수시로 믿음이 흔들린다.

믿는다는 것은 '동의한다는 것'으로 '뜻이 합한다'는 의미다. 하나님의 말씀에 대해 동의하고 전적으로 받아들일 때 그것이 믿음이다.

## ◆ 혼과 영과 영혼과 양심과 마음

혼은 개인의 생각이나 정신을 말한다. 영은 혼보다 높은 차원의 모습이다. 영과 혼은 인간의 눈에 보이지 않는 비물질적인 것이다. 영혼은 혼과 영을 합친 것이다. 보통 영과 혼을 분리하기보다는 합쳐서 말한다. 모든 사람에게는 영혼이 있다. 양심은 사람 속에 내재되어 있는 증인이다. 양심은 나의 잘못을 지적한다. 마음은 사람의 중심부에 있는 비물질적인 본성을 말한다. 이것들은 명확하게 분리하기 어렵고 같이 공존해 있다. 하나님을 떠남으로 인해 모두가 타락했으며 양심과 마음과 영혼이 당연히 제기능을 발휘하지 못하고 있다.

## ◆ 육체와 육신과 몸

인간의 육체는 물체적인 것이다. 육체는 육신과 몸으로 이해하기도 한다. 성경에서 육체와 육신은 부패된 인간을 말할 때 주로 사용된다. 육신은 감각적이고 물질적인 것으로 일시적이다. 영에 의해 통제가 안 되면 육신은 짐승처럼 된다. 영과 몸이 분리되지 않고 하나가 되었을 때 그때가 인간의 본연의 모습이다. 인간의 문제는 영의 타락으로 인해 육신까지 타락해 인간 본연의 모습을 나타내지 못하는 데 있다.

## ◆ 죄와 범죄와 타락

인간이 불행하게 된 것은 죄 때문이다. 죄는 하나님을 떠난 것이다. 그 순간 인간은 뿌리 없는 나무처럼 되었다. 죄는 본질적인 것을 말하고 범죄는 실제 죄를 범하는 행동들이다. 타락은 인간이(아담과 하와) 하나님의 명령을 어김으로 하나님을 떠난 상태를 말한다. 인간의 타락이 점점 심해지는 것은 하나님을 떠난 결과 생긴 현상이다. 모래 위에 뿌리를 내린 풀이 마르고 생기를 잃게 되는 것과 같다.

## ◆ 형벌과 심판과 구원

죄를 범한 인간은 그 대가로 하나님의 심판을 받게 된다. 죄를 지은 사람이 죄의 대가를 받는 것은 당연한 일이다. 하나님은 공의로우신 분이기에 죄에 대한 심판을 분명하게 행하신다. 모든 인간은 죄를 가지고 태어나기에 하나님의 심판을 면할 수 없다. 그것을 해결하는 길은 예수님을 믿음으로 내가 지은 죄의 값을 청산하는 것이다. 구원은 죄에서 해방되고 놓임을 받는 것이다.

## ◆ 불순종과 순종(복종)

죄는 불순종에서 온 것이다.  본래 인간은 하나님의 말씀에 순종하면서 살도록 창조되었는데 그것을 거부하고 말씀을 어기고 제멋대로 살며 문제가 발생했다. 불순종은 인간이 자기중심으로 살고 싶은 교만 때문이다. 하나님과 같이 되고 싶은 욕심이 결국 죄를 낳게 했다. 이것을 해결하는 길은 하나님의 말씀에 순종하는 것뿐이다. 설사 잘 이해되지 않더라도 하나님을 믿고 말씀에 절대 복종한다. 이것이야말로 인간이 축복 받고 영원히 사는 길이다.

## ◆ 죄인과 의인

죄인과 의인의 평가는 외적으로 판단하거나 윤리적인 것으로 결정될 수 없다. 사람의 중심까지 보고 판단해야 하는데 본질적으로 힘들다. 오직 중심을 아시는 하나님만이 죄인과 의인에 대한 판결이 가능하다. 성경에서 말하는 의인과 죄인의 기준은 말씀에 순종하느냐 아니면 불순종하느냐에 달려 있다. 죄인된 인간이 누구누구를 죄인이라고 말할 수 없다. 오직 하나님만이 판단하실 수 있다.

## ◆ 양자와 하나님의 자녀와 하나님의 아들

양자는 죄인된 인간을 하나님의 아들로 삼은 것을 말한다. 하나님의 형상을 닮은 인간은 본질적으로 하나님의 자녀요 아들이다. 문제는 아버지를 떠난 성경 속 탕자처럼 지내다가 회개하고 돌아오면서 다시 하나님의 아들로 인정을 받았다. 자신의 죄를 회개하고 아버지 집으로 돌아온 아들은 품꾼이 아니라 하나님의 자녀요 아들이요 양자다. 하나님께 회개하고 돌아온 그리스도인은 모두 이런 상태라고 할 수 있다.

## ◆ 천국과 하늘나라와 하나님의 나라

천국을 한글로 풀어 쓰면 하늘나라다. 영적 의미로 말하면 하나님의 나라다. 즉 하나님이 통치하는 나라다. 시공간을 넘어선 영원한 나라를 말한다. 마태복음은 '천국'이라고 하고 마가복음은 '하나님의 나라'로 표현한다. 본래 같은 의미이지만 강조점에 따라 다르게 사용된다. 그리스도인이 마지막에 가는 천국은 더이상 늙거나 통곡하거나 죽음이 없는 곳이다.(계21:4)

## ◆ 죽음과 심판

죄를 지은 인간은 죄의 값을 받아 심판을 받지만 죄를 해결하면 심판에 이르지 않고 영생에 이르게 된다. 모든 인간은 죽는다. 모든 인간은 죄인이며, 죄의 값을 받아 심판을 받는다는 의미다. 이 형벌에서 벗어나려면 살아 있을 때 죄의 값을 지불해야 한다. 그래야 죽어서 심판을 받지 않는다. 우리가 예수를 믿으면 영생을 얻는 것은, 우리가 지불할 수 없는 우리의 죄값을 예수님이 대신 해결해 주셨기 때문이다.

# 10 인간에 대해 2

## 주제성경

또 미리 정하신 그들을 또한 부르시고 부르신 그들을 또한 의롭다 하시고 의롭다 하신 그들을 또한 영화롭게 하셨느니라. (로마서 8:30)

### 그림표로 점검하기 (그림표에 나오는 신앙 개념을 자신이 이해한 말로 설명하며 현재 상태를 점검한다)

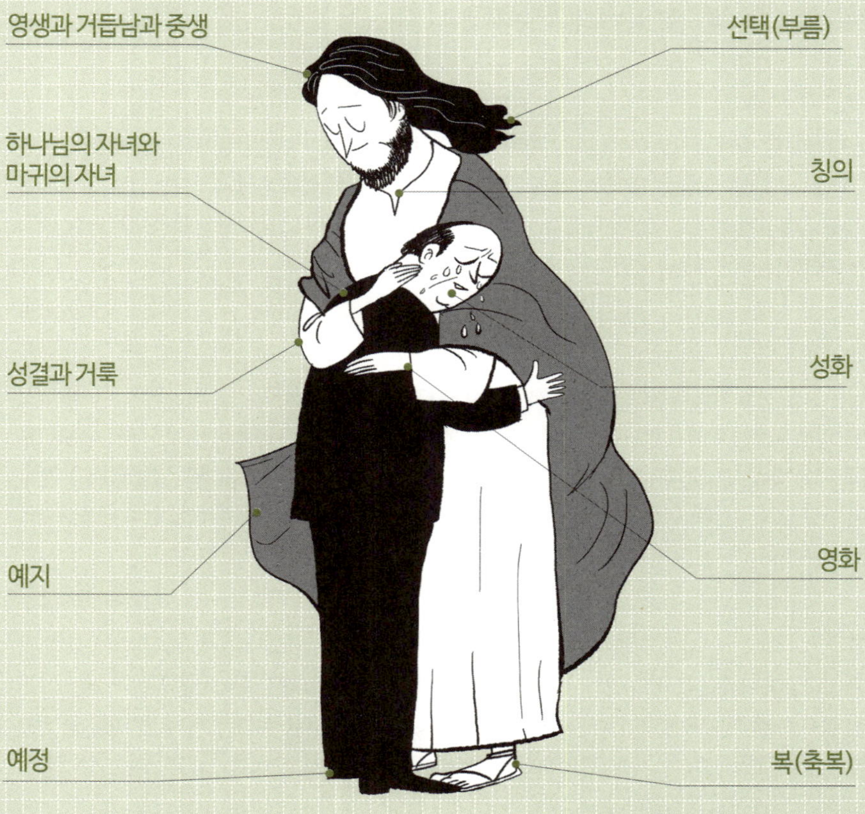

## ◆ 영생과 거듭남과 중생

영생은 영원히 사는 것이다. 영생을 얻으려면 지금 상태로는 안된다. 왜냐하면 인간은 죄악을 가지고 태어났기에 그 결과 모든 인간은 죽는다. 인간이 영원히 살기 위해서는 다시 태어나야 한다. 그것을 중생 혹은 거듭남이라고 말한다. 그런데 육으로 난 것이 아닌 영으로 나는 것을 말한다.( 요3:6) 거듭난 사람은 하나님의 자녀다. 그 사람에게는 성령이 임하고 예수님이 거하심으로 영원히 우리와 함께 하신다. 이렇게 되면 영원히 살 수 있다.

## ◆ 하나님의 자녀와 마귀의 자녀

하나님을 믿는 사람은 하나님의 자녀다. 하나님의 자녀는 하나님이 영원히 책임져주신다. 그러나 하나님을 믿지 않으면 마귀의 자녀다. 마귀의 종이 되어 살다가 죽으면 영원한 지옥에 이르게 된다. 하나님 없는 곳에서 영원히 살게 된다. 우리는 하나님의 자녀이든지 마귀의 자녀이든지 둘 중 하나다. 중간은 없다. 우리 스스로 신이 될 수 없다. 누군가의 지배를 받고 산다.

## ◆ 성결과 거룩

그리스도인이 된 순간 우리는 하나님의 거룩한 자녀가 되었다. 세상과 구별된 존재다. 하나님의 양식을 먹고 거룩한 삶을 살아가는 존재다. 하나님의 자녀는 세상의 타락된 것과 혼합되어 살면 안된다. 하나님이 우리를 거룩하게 하셨고 성결케 하셨다. 구원받은 모습으로 주님이 오실 때까지 우리 영혼과 몸을 거룩하게 보전하는 것은 너무나 당연한 일이다.

## ◆ 예지

하나님은 모든 것을 미리 아신다. 이것이 하나님의 예지다. 우리가 태어나기 전에 하나님은 우리를 아셨다. 인간의 힘으로는 이해가 안되어도 하나님은 가능하다. 내가 태어나기 전을 아신다면 내가 죽은 이후의 일도 아실 것이다. 나는 하나님을 몰라도 하나님은 이미 나를 알고 있다. 내가 하나님을 찾기 전에 하나님이 나를 먼저 아신다. 이것은 인생이 나의 행위가 아닌 하나님의 태초 전 계획하신 섭리 속에 움직이는 것을 의미한다.

## ◆ 예정

예정은 하나님이 모든 것을 미리 정하신 것을 말한다. 인간은 하나님의 예정 속에서 움직인다. 세상이 하나님의 질서 속에서 움직이듯이 인간의 삶 역시 하나님의 예정을 벗어날 수 없다. 하나님의 예정을 믿으면 삶이 평안하다. 인간이 하나님의 손에서 벗어날 수 없다는 것을 알고 받아들이고 인정하는 것이 믿음이다. 그렇게 되면 마음이 평안하다.

## ◆ 선택(부름)

우리가 하나님을 선택한 것이 아니고 하나님이 나를 선택하셨다. 예수를 믿는 것도 내가 먼저 선택한 것이 아니라 하나님이 선택하시고 부르심이 있었기에 가능한 일이다.

모든 출발은 내가 아닌 하나님이시다. 세상의 종교는 내가 하나님을 찾아가는 것이라면, 복음은 하나님이 나를 찾아오시고 나를 부르시는 것을 믿는 것이다. 하나님이신 예수님이 인간을 위해 세상에 내려오신 사건이 이것을 분명하게 증언한다.

## ◆ 칭의

칭의는 예수를 믿는 사람에게 하나님이 의롭다고 선언하신 것을 말한다. 비록 죄인이지만 하나님이 의인이라고 칭하고 인정해 주는 것이다. 인간이 선한 일을 행했기 때문이 아니라 예수님이 십자가에서 죽고 부활하신 것을 믿는 자에게 주시는 하나님의 특권이다. 인간은 죄인이면서 의인이고 의인이면서 죄인이다. 주님의 은혜를 생각하면 죄인이지만 의인의 삶을 살게 된다. 은혜를 잊어버리면 의인이면서 죄인의 삶을 살 수 있다.

## ◆ 성화

성화는 죄에서 떠나 은혜 가운데 거하는 인간이 날마다 주님에게 복종하는 삶을 말한다. 더이상 죄의 생활을 반복하지 않고 새로운 생활을 하는 것이다. 나를 위한 삶이 아닌 주님을 위한 삶을 살아가는 것이 성화의 삶이다. 거룩한 사람이기에 거룩하게 살아가는 것은 너무나 당연하다. 그리스도인은 매일 성화되어 간다. 성화는 즉각적인 성화, 점진적인 성화, 완성적인 성화가 있다. 주님이 오실 때 온전하게 성화된 모습으로 만나면 그것이야말로 가장 완벽한 삶일 것이다. 성화는 성령을 의지할 때 일어난다. 내가 나를 변화시키는 것이 아니라 성령이 나를 변화시켜 주신다.

## ◆ 영화

영화는 하나님의 나라에 들어가는 마지막 단계다. 완성적인 성화가 여기에 해당된다. 썩을 몸이 썩지 않을 몸으로 살아나고 욕된 몸이 영광스러운 몸으로 변화되고 약한 몸이 강한 것으로, 죽을 몸이 영생하는 몸으로, 땅에 속한 몸이 하늘에 속한 몸으로 변화되는 것이 영화다. 주님이 재림하실 때 우리에게 이런 일이 일어난다. 그리스도인은 마지막 날 마지막 모습을 바라보고 말씀과 기도로 거룩한 삶을 살아야 한다.

## ◆ 복(축복)

하나님이 주시는 모든 것은 복이다. 세상이 주는 것(물질, 명예 등)은 복이 아니다. 술수와 계략과 욕심으로 얻는 물질이나 권세나 명예는 오히려 복이 아니라 저주가 된다. 이것은 인간의 힘으로 얻는 것이기에 복이 될 수 없다. 복은 하나님이 은혜로 주신 것이다. 복의 근원은 하나님이다. 이렇게 보면 때로는 환란과 고난도 복이 될 수 있다. 하나님은 가끔 우리에게 유익을 주기 위해 고난을 주신다. 그때는 힘들지만 길게 보면 고난도 복인 것이다.

# 11 인간에 대해 3

## 주제성경

너희는 유혹의 욕심을 따라 썩어져 가는 구습을 따르는 옛 사람을 벗어 버리고 오직 너희의 심령이 새롭게 되어 하나님을 따라 의와 진리의 거룩함으로 지으심을 받은 새 사람을 입으라. (에베소서 4:22-24)

**그림표로 점검하기** (그림표에 나오는 신앙 개념을 자신이 이해한 말로 설명하며 현재 상태를 점검한다)

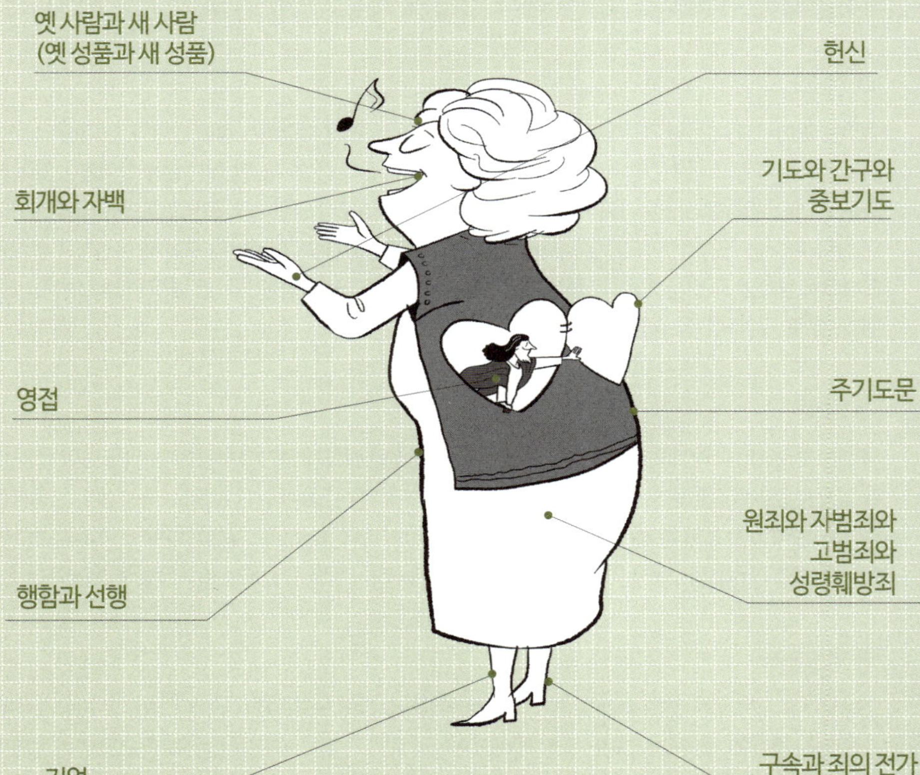

## ◆ 옛 사람과 새 사람(옛 성품과 새 성품)

육으로 보면 사람은 모두 같지만 사실은 그렇지 않다. 사람은 영과 육을 가진 존재다. 육적인 것으로만 사람을 평가할 수 없다. 영적으로는 옛 사람과 새 사람이 있다. 예수를 믿고 거듭나고 중생하면 그 사람은 새 사람이다. 믿음을 거부하고 세상에 속해 있으면 그는 옛 사람이다. 세상을 중심으로 살고 육신의 즐거움에만 관심을 갖고 살아가는 사람은 옛 사람이다. 하지만 하나님의 일에 관심을 갖고 하나님의 나라를 바라보고 산다면 그 사람은 새 사람이다. 하나님의 성품은 그리스도인이 닮아야 할  새 사람의 성품이다.

## ◆ 회개와 자백

회개는 죄에서 돌아서는 것이다. 회개는 명사가 아닌 동사다. 잘못했다고 생각하고 부끄러워하며 뉘우치는 것은 아직 온전한 회개에 이르지 못한 것이다. 진정한 회개가 되려면 세상을 의지하지 않고 하나님에게로 완전히 돌아서야 한다. 자백은 매일 자신이 지은 죄를 고백하는 것을 말한다. 구원을 받아도 육신으로는 여전히 죄인이기에 매일의 자백이 필요하다. 회개가 원죄에 대한 것이라면, 자백은 회개 이후에 일어나는 잘못된 생활에 대한 회개다.

## ◆ 영접

주님을 마음과 영으로 받아들이는 것을 영접이라고 말한다. 주님을 평생 내 인생의 주인으로 모셔들이는 것이다. 한번 들어오신 예수님은 영원히 나와 함께 하신다. 그런데 이런 주님을 인식하지 못하고 주님을 무시하고 주님께 불순종하기 쉽다. 주님을 주인으로 영접했으면 이제 내가 주인이 아닌 종으로 살아야 한다. 내 삶의 주인이신 주님께 순종하며 사는 것이 주님에 대한 예의다.

## ◆ 행함과 선행

믿는다는 것은 곧 행한다는 것을 말한다. 믿음은 명사가 아닌 동사다. 행동까지 이르지 못하는 믿음은 죽은 것이다. 신앙은 삶으로 증명되어야 한다. 바른 믿음을 가진다면 행함이 쉬워질 것이다. 하지만 바른 믿음이 아니면 실천도 어렵다. 믿음이 행함으로 나타날 때 그리스도가 나를 통해 드러난다. 우리가 착하고 선행을 생활화하면 그것을 통하여 믿음이 전파된다. 우리가 선행을 해야 하는 이유다. 선행은 내가 하는 것이 아니라 나를 통해 하나님이 하시는 것이다.

## ◆ 기업

기업은 다른 말로 하면 유업과 유산을 말한다. 자손대대로 이어지는 유산의 복이다. 유산은 물질적인 것도 있지만 그 중 믿음의 유산이 최고다. 기업은 축복과도 동일하게 사용한다. 마태복음의 산상수훈에 나오는 여덟 가지 복은 평생 사람을 행복하게 하는 기업의 내용이다. 믿는 사람은 가장 좋은 천국을 이미 기업으로 얻었다.

## ◆헌신

성경에는 헌신하는 사람들의 이야기가 많이 나온다. 예수님의 제자들은 모두 헌신하는 사람이다. 헌신은 자신의 삶을 바쳐 희생하고 봉사하는 것을 말하는데 이렇게 헌신하는 사람들에 의해 복음이 세상에 전파되었다. 이들은 모두 목숨을 바쳐 헌신했다. 예수님에게 받은 사랑이 너무 커서 그 은혜에 보답하기 위해 이루어진 자발적인 희생이었다.

## ◆기도와 간구와 중보기도

기도는 인간이 하나님께 드리는 영적 대화다. 사람과 말하는 것은 대화, 하나님과 나누는 대화라면 그것은 기도이다. 간절히 구하는 것을 간구라고 하는데 중보기도는 다른 사람의 문제를 내 문제로 생각하고 대신 구하는 것이다. 중보기도는 이웃사랑의 실천적인 한 방법이다. 중보기도는 자기의 유익을 구하는 것이 아니라 이웃을 위한 기도를 말한다.

## ◆주기도문

주기도문은 예수님이 제자들에게 가르쳐준 기도다. 제자들의 기도는 세상 사람들의 기도와 달라야 함을 강조한다. 세상 사람들의 기도는 같은 말을 반복하는 주문식 기도가 많다. 타종교의 기도도 마찬가지다. 하지만 예수님이 제자들에게 가르쳐준 주기도문은 인간의 뜻이 아닌 하나님의 뜻을 구하고, 세상 나라가 아닌 하나님의 나라를 위한 기도다. 마태복음 6장 9절 이하에 주기도문이 나온다.

## ◆원죄와 자범죄와 고범죄와 성령훼방죄

죄는 크게 네 가지 종류가 있다. 원죄는 아담이 지은 죄로 모든 인간이 본성적으로 가지고 있다. 그리스도인은 예수를 믿음으로 인하여 본질적으로 원죄가 해결되었다. 자범죄는 예수를 믿어도 계속적으로 범하는 죄이며 고범죄는 죄인 줄 알면서도 짓는 의도적인 것이다. 성령훼방죄는 성령의 역사를 거부하고 스스로 멸망의 길로 가는 죄로 이런 죄는 용서받지 못한다.

## ◆구속과 죄의 전가

구속은 '값을 지불하고 용서하여 자유를 준다'는 의미다. 그리스도인은 예수님이 우리의 죄값을 지불함으로 죄와 죽음에서 벗어나 자유하게 되었다. 죄의 전가는 우리의 죄가 예수님에게 전가됨으로 우리가 용서받은 것을 말한다. 예수님이 우리를 위하여 한번 죄값을 치렀기에(전가되었기에) 더 이상 그 죄가 나를 지배하지 못한다.

### 그림표로 설명하기

신앙개념을 다 공부했으면 앞의 그림표를 보고 배운 신앙 개념을 설명해 본다.
설명이 잘 안되는 부분은 다시 내용을 공부한 후 그림표를 보고 반복하여 설명한다.

# 12 교회에 대해 1

## 주제성경

너희는 사도들과 선지자들의 터 위에 세우심을 입은 자라 그리스도 예수께서 친히 모퉁잇돌이 되셨느니라 그의 안에서 건물마다 서로 연결하여 주 안에서 성전이 되어 가고 너희도 성령 안에서 하나님이 거하실 처소가 되기 위하여 그리스도 예수 안에서 함께 지어져 가느니라. (에베소서 2:20-22)

**그림표로 점검하기** (그림표에 나오는 신앙 개념을 자신이 이해한 말로 설명하며 현재 상태를 점검한다)

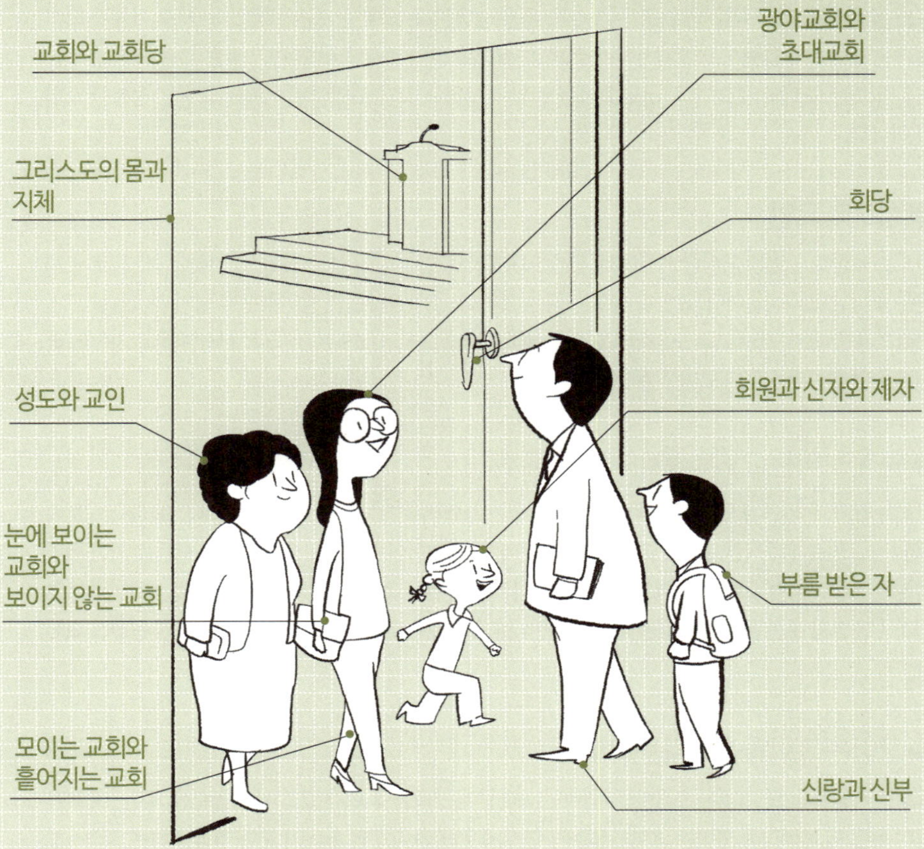

## ◆ 교회와 교회당

교회는 그리스도를 믿는 사람들의 모임을 말한다. 교회당과 예배당은 구원 받은 사람들이 모이는 건물을 말한다. 건물이 없어도 교회는 되지만 사람이 없으면 교회가 아니다. 성경에서 말하는 교회는 건물이 아니라 사람들의 모임이다. 내가 곧 교회다. 교회를 비판하는 것은 나를 비판하는 것이라고 보면 된다. 다른 종교에 있는 커다란 신전처럼 교회를 건물로 생각하면 안된다. 건물이 큰 것을 교회가 큰 것으로 생각하기 쉽지만 이는 잘못된 것이다. 초대교회는 정해진 예배당 건물이 아니고 다양한 곳에서 모이는 성도들의 모임이었다.

## ◆ 그리스도의 몸과 지체

교회는 사람들의 모임이지만 세상의 모임과 구별된 영적 공동체다. 교회는 예수님을 머리로 한 그리스도의 몸에 붙은 각 지체들이다. 몸은 하나다. 몸은 생명이다. 교회 성도는 한몸이다. 서로 지체가 되어 즐거움과 슬픔을 함께하고 교제하는 공동체다. 살아도 같이 살고 죽어도 같이 죽는 그런 공동체가 성경이 말하는 교회의 모습이다. 서로를 제대로 알지 못하고 그냥 모였다 흩어지는 교회는 진정한 교회가 아니다.

## ◆ 성도와 교인

성도는 세상과 구별된 거룩한 사람이다. 예수 이름으로 모인 사람이 성도다. 성도는 예수님의 피로 용서받은 하나님의 백성들이다. 교인과 성도는 같은 의미다. 예수님의 몸에 붙어있는 주님의 자녀들을 교인이라고 말한다. 하지만 교회 모임에 참여하고 예배한다고 모두가 성도는 아니다. 진정한 몸의 지체가 아닌 마당만 밟는 형식적인 교인도 많다.

## ◆ 눈에 보이는 교회와 보이지 않는 교회

교회는 크게 두 가지가 있다. 우리가 흔히 볼 수 있는 주변의 교회는 눈에 보이는 교회다. 또 하나는 보이지 않는 교회로 우주적인 교회다. 초대교회부터 주님이 재림하실 때까지의 모든 믿는 사람들을 의미한다. 하늘과 땅을 포함한 교회다. 지역교회는 조직체이지만 우주적 교회는 유기체다. 지역교회는 형식적인 교인과 구원받지 못한 사람들이 있을 수도 있지만, 보이지 않는 우주적인 교회는 믿음을 가진 진정한 교회다.

## ◆ 모이는 교회와 흩어지는 교회

교회는 사람들의 모임이다. 조금 더 부연하면 예배당에 모이는 교회가 있고 세상으로 흩어지는 교회가 있다. 주일에 예배당에 모이는 교회가 있는 반면 일주일 동안 세상에 흩어져 교회 역할을 하는 그리스도인들의 모임이 있다. 둘 중 어느 하나만 강조하는 것은 바람직하지 않다. 사실 예배당에 모이는 것은 세상으로 흩어지기 위함이다. 모이는 교회로만 머물지 말고 세상에 흩어지는 교회가 잘되어야 전도와 부흥이 일어난다.

## ◆광야교회와 초대교회

구약의 이스라엘은 광야에서 40년간 생활했다. 그때의 모습이 광야교회다(행7:38).
광야교회는 움직이며 이동하는 교회다. 한곳에 정착하지 않고 세상 속으로 계속 움직이는 교회이다. 초대교회 역시 광야교회와 같은 모습을 지녔다. 로마의 핍박을 받으면서도 여기저기 흩어져 강, 산, 들, 집, 무덤, 동굴 등에서 모임을 가졌고 끝까지 신앙을 지킨 교회였다. 지금도 이런 교회들이 세계에는 많이 있다. 숫자로 파악이 안되는 움직이는 교회가 더 많다.

## ◆회당

성경에는 예배(제사)하는 곳으로 네 가지 장소가 나온다. 족장 시대에 텐트와 같은 장막에서 생활하며 예배를 드렸다. 출애굽 시대에 이스라엘 백성이 광야에서 이동할 수 있는 하나님이 임재하는 장소가 성막이다. 성막은 일반 장막과 다른, 하나님이 거하시는 구별된 장소다. 성전은 솔로몬 때 세워진 정착된 제사 장소다. 회당은 성전이 파괴된 이후 유대인들이 세운 것이다. 초대교회의 유대인 회당은 예배와 교육과 교제 등 다양한 것을 행했고 지금 예배당의 모습과 같다. 바울의 전도는 유대인 회당에서부터 시작되었다.

## ◆회원과 신자와 제자

교회 구성원은 크게 세 가지로 나뉜다. 교회에 등록하면 누구나 교회 회원이 된다. 교회에 나오는 모든 사람들은 교회 회원이다. 그 중 하나님을 진실로 믿는 사람을 신자라고 말한다. 누가 진실한 신자인지는 인간이 판단할 수 없다. 사람의 마음을 알 수 없기 때문이다. 제자는 주님의 십자가의 길을 적극적으로 따라가는 사람을 말한다. 모든 그리스도인은 제자로 부름을 받았고 제자로 살아야 한다. 이것이 알곡 신자이다. 주일예배만 겨우 참석한다면 가라지와도 같은 형식적인 교인이 될 수 있다.

## ◆부름 받은 자

우리가 교회에 나오는 것은 누군가 불러서 온 것이다. 내가 스스로 왔거나, 내가 좋아서 왔거나, 혹은 사람에 이끌려 온 것은 손님과 같은 사람으로 내가 싫으면 언제든지 교회를 떠난다. 진정한 신자는 하나님의 부름과 초청을 받고 온 사람이다. 하나님의 음성을 듣고 말씀에 순종하여 온 사람은 교회를 내 마음대로 떠날 수 없다. 내 의지가 아닌 하나님의 부름에 따라 다른 교회로 이동한다.

## ◆신랑과 신부

성경은 교회를 신부로, 예수님을 신랑으로 비유한다. 적절한 비유가 아닐 수 없다. 교회는 신부로서 신랑되신 그리스도에게 절대복종해야 한다. 다시 오실 신랑되신 그리스도를 만나기 위해 신부된 교회는 자신을 정결하게 하고 그날을 준비해야 한다. 교회의 최고의 목표는 세상의 영광이 아닌 신랑되신 그리스도를 만나는 것이다. 교회가 늘 기도해야 할 내용은 '주 예수여 어서 오시옵소서'(마라나타)이다.

## tip - 교회의 다섯 가지 기능

- **예배** - 성도가 함께 모여 하나님께 예배를 드립니다.
- **말씀** - 하나님의 말씀인 성경을 배우고 가르칩니다.
- **교제** - 몸된 성도들이 함께 교제합니다.
- **봉사** - 지체된 성도들이 서로 봉사하고 교회를 세우며 이웃과 세상을 섬깁니다.
- **전도** - 예수 그리스도를 세상에 전합니다.

### 그림표로 설명하기

신앙 개념을 다 공부했으면 앞의 그림표를 보고 배운 신앙 개념을 설명해 본다.
설명이 잘 안되는 부분은 다시 내용을 공부한 후 그림표를 보고 반복하여 설명한다.

# 13 교회에 대해 2

## 주제성경

그리스도의 말씀이 너희 속에 풍성히 거하여 모든 지혜로 피차 가르치며 권면하고 시와 찬송과 신령한 노래를 부르며 감사하는 마음으로 하나님을 찬양하고 또 무엇을 하든지 말에나 일에나 다 주 예수의 이름으로 하고 그를 힘입어 하나님 아버지께 감사하라. (골 3:16-17)

### 그림표로 점검하기 (그림표에 나오는 신앙 개념을 자신이 이해한 말로 설명하며 현재 상태를 점검한다)

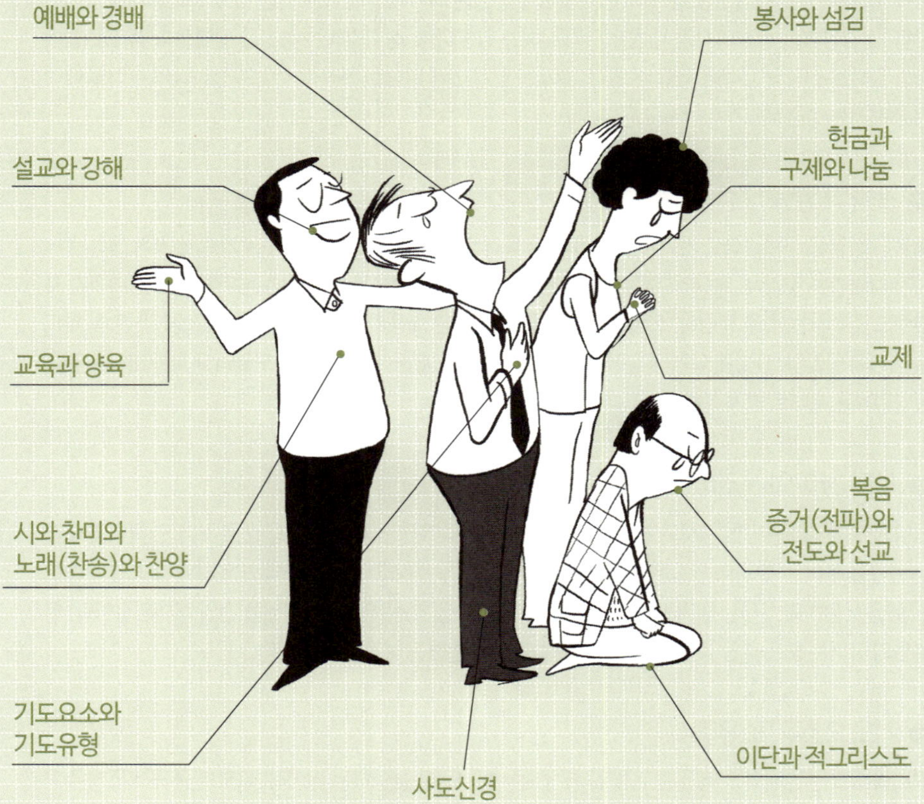

## ◆예배와 경배

우리가 교회에 모이는 것은 하나님을 찬양하고 경배하며 예배하기 위함이다. 예배란 하나님을 높이는 것을 말한다. 인간의 최고 목적은 하나님을 영화롭게 하고 하나님을 즐거워하는 것이다. 모든 것이 하나님이 주신 것이라 믿고 그것을 온 땅에 선포하는 행위가 예배다. 하나님은 이런 예배를 즐거워하신다. 매주 시간을 정하여 주일에 교회에 모여 함께 예배하는 것은 하나님이 가장 기뻐하시는 일이다. 하나님 앞에서 예배하는 것을 최우선으로 삼는 것은 하나님을 내 인생에서 최고로 여긴다는 것을 의미한다. 예배는 찬송과 기도와 말씀과 성찬과 교제와 헌금으로 이루어진다.

'경배'는 공경하여 예배할 때 그 대상인 주를 나의 주로 인정하고 찬양하는 것이다.

## ◆설교와 강해

예배 중 목사님을 통해 하나님의 말씀을 선포하는 것이 설교와 강해 시간이다. 설교는 성경을 오늘의 현장에 적용할 수 있게 말씀을 선포하는 것이다. 교인들은 하나님의 말씀을 듣는 마음으로 설교를 들어야 한다. 성경강해는 성경의 내용을 풀어서 해설하는 강론이다. 성경강해는 성경을 책별로 차례대로 풀이하는 것으로 신앙의 깊이를 더할 수 있다. 설교는 알기 쉽게 말씀을 전하는 것이지만 신앙의 뿌리를 내리기 위해서는 성경강해가 이어져야 한다.

## ◆교육과 양육

교육은 성경을 구체적으로 가르치는 것이다. 교육과 양육은 주님이 하신 말씀을 가르쳐 지켜 행하는 데까지 나아가는 것이다. 교육이 가르치는 것에 초점을 둔다면 양육은 배운 말씀을 지켜 행하는 데까지 도와주고 경책하는 것을 말한다. 신앙생활을 할 때 지속적인 교육과 양육이 없으면 성도들이 신앙의 뿌리를 내리지 못한다. 그렇게 되면 믿음이 흔들리게 되고 시험에 들 수도 있다. 성도들이 교회를 떠나는 것은 신앙양육을 제대로 받지 못해서다.

## ◆시와 찬미와 노래(찬송)와 찬양

하나님께 예배하는 방법은 시와 찬미와 노래를 통해 이루어진다. 시는 시편과 같은 것이고, 찬미와 노래는 음률을 붙이는 것이다. 찬송은 노래로 하나님을 높이는 것이고, 찬양은 노래와 악기와 춤과 간증과 모든 삶을 동원하여 하나님을 자랑하는 것을 말한다. 인간을 창조한 것은 하나님을 찬양하기 위함이다. 하나님의 자녀는 모든 것을 동원하여 하나님을 높이고 자랑하는 삶을 살아야 한다.

## ◆기도요소 기도유형

기도의 요소는 경배와 고백과 간구가 있다. 경배는 하나님을 찬양하는 것이다. 기도의 궁극적 목적은 자신을 위한 것이 아닌 하나님을 높이는 것이다. 고백은 죄를 회개하는 것이다. 간구는 구할 것을 기도하는 것으로 일용할 양식과 함께 시험에 들지 않게 기도하는 일이다. 기도의 유형은 개인적인 기도와 공적인 기도(대표기도)와 다른 사람을 위한 중보기도가 있다. 또한 여럿이 합심하여 단체로 기도하는 것도 있다. 한국교회는 소리내어 통성으로 기도하는 좋은 전통이 있다. 교회가 함께 모여 한마음과 한목소리로 기도하는 것은 유익하다.

### ◆ 봉사와 섬김

교회는 몸이다. 지체는 몸을 위해 존재한다. 지체가 건강해야 몸이 건강하다. 지체 중 어느 하나가 병들면 몸 전체가 병들 수 있다. 이렇게 보면 지체는 서로 섬기고 봉사하기 위해 존재한다. 지체를 섬기고 봉사하면 그것이 곧 나를 위한 것이 된다. 교회는 본질적으로 섬김 공동체다. 자신을 위해 존재하기보다는 이웃과 세상을 위해 존재하는 것이다. 세상을 구원하고 영혼을 살리는 공동체가 교회다. 결국 교회는 세상을 섬겨야 하고 적극적으로 봉사해야 한다.

### ◆ 헌금과 구제와 나눔

헌금은 하나님에게 드리는 예물이다. 예배를 드리면서 헌금을 하는 것은 자신뿐 아니라 나의 물질도 주님의 것이라는 고백이 담겨 있다. 헌금은 교회를 위해 사용하고 복음 전파를 위해 드려진다. 몸된 교회를 건강하게 세우는 데 쓰여진다. 구제는 어려운 이웃을 돕는 것으로 헌금은 구제의 의미도 담고 있다. 교회는 이웃과 사랑을 나누어야 한다. 나눔은 교회의 중요한 사명이요 존재이유이다. 나눔의 정신은 거저 받았으니 거저 주는 것이다.

### ◆ 교제

교회는 말씀을 가르치고 예배하는 공동체이면서 교제하는 공동체이다. 교회는 사람들의 모임이기에 교제는 매주 중요하다. 교제를 통해 성도 간에 소통이 활발하게 이루어지면 건강한 교회가 된다. 사람이 많이 모인다고 좋은 교회가 아니다. 얼마나 성도들 간에 소통이 잘 이루어지고 교제가 잘되느냐에 따라 교회의 생명력이 결정된다. 혼자 예배드리고 혼자 사라지는 나홀로 성도가 많다. 몸과 지체는 서로 연결되어 있다. 그리스도 안에서 친밀한 교제는 신앙 성장을 이루는 핵심이다.

### ◆ 복음 증거(전파)와 전도와 선교

교회는 그리스도를 전하는 공동체다. 인간의 만족을 위해 모이는 이익단체가 아닌 것이다. 모여서 그리스도를 높이고 세상에 그리스도를 전하는 것이 교회의 사명이다. 복음 증거는 다양한 방법으로 이루어진다. 직접 말씀을 전함으로, 또는 삶을 통해 봉사와 나눔으로 복음이 전해진다. 직접 복음을 전하는 것이 전도라면 선교는 넓은 의미의 간접 전도다. 선교는 봉사와 섬김을 통해 복음을 전하는 것이다. 가장 좋은 전도는 교회 자체가 가진 어떤 것이다. 이웃에게 칭찬받고 하나님께 인정받으면 그 자체가 좋은 전도다.

## ◆이단과 적그리스도

이단은 성경의 진리를 벗어난 단체를 말한다. 교회를 어지럽게 하는 이단과 사이비들이 많이 나타났다 사라졌으며 지금도 나타나고 있다. 그들은 잘못된 가르침으로 교화와 성도들을 미혹한다. 예수 이름과 교회 이름을 위장하여 교묘하게 침투하기에 자칫하면 속기 쉽다. 현재 우리가 조심해야 할 이단은 신천지교회, 하나님의 교회, 여호와의 증인, 구원파 등이다. 마지막이 가까워 올수록 이단들은 득세한다. 성경은 주의 이름으로 기적을 행하며 성도를 미혹하는 적그리스도를 경계하라고 말한다. 또 교회에 가만히 들어온 거짓 교사에 대해 말한다. 그리스도의 이름으로 오는 이단과 사이비를 조심해야 한다. 진리의 말씀인 성경을 잘 배우고 교회를 통해 잘 양육받을 때 유혹에 좀처럼 빠지지 않는다.

## ◆사도신경

성도들이 예배시간에 사도신경을 암송하면서 신앙을 고백한다. 사도신경은 사도들의 신앙을 고백한 내용이다. 사도신경은 성경의 핵심 내용을 요약하여 정리한 것으로 기독교 신앙의 뿌리를 말해주고 있다. 신학교에서는 사도신경의 기초 속에 교과과정이 정해진다. 사도신경은 교회의 신앙고백이면서 개인의 신앙고백이다. 사도신경은 역사적으로도 이단과 사이비를 구분하는 신앙의 뼈대였다. 성경을 따르는 정통교회는 사도신경에 근거하여 교회의 기초가 세워졌다.

### 그림표로 설명하기

신앙 개념을 다 공부했으면 앞의 그림표를 보고 배운 신앙 개념을 설명해 본다.
설명이 잘 안되는 부분은 다시 내용을 공부한 후 그림표를 보고 반복하여 설명한다.

# 14 교회에 대해 3

## 주제성경

그가 어떤 사람은 사도로, 어떤 사람은 선지자로, 어떤 사람은 복음 전하는 자로, 어떤 사람은 목사와 교사로 삼으셨으니 이는 성도를 온전하게 하여 봉사의 일을 하게 하며 그리스도의 몸을 세우려 하심이라. (에베소서 4:11-12)

### 그림표로 점검하기 (그림표에 나오는 신앙 개념을 자신이 이해한 말로 설명하며 현재 상태를 점검한다)

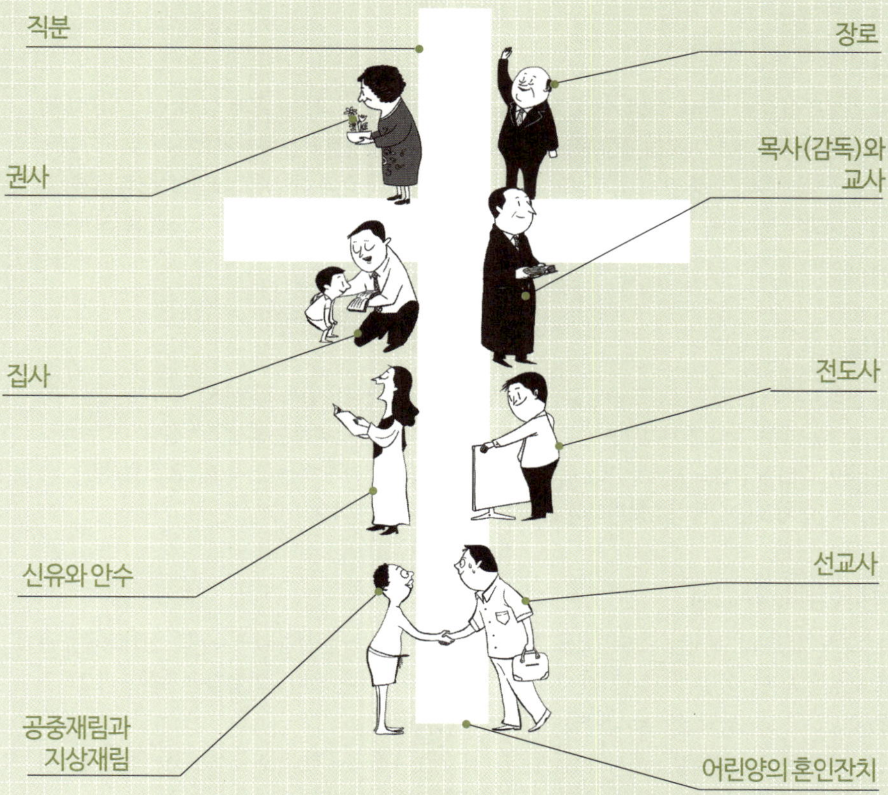

## ◆직분

교회는 그리스도의 몸이다. 몸의 건강을 위해서는 그 몸을 섬기는 사역자들이 필요하고 직분이 필요하다. 교회는 각 사람에게 주신 은사에 따라 직분을 주어 교회 일꾼을 세운다. 직분은 자랑하거나 명예를 드러내는 것이 아니라 교회의 몸을 건강하게 하기 위해 세운 봉사직이다. 직분은 계급이 아니라 평등한 것으로 성도를 섬기고 봉사하는 것이다. 교회는 다양한 직분을 두고 있다.

## ◆집사

중요한 직분 중 하나가 집사로서 다른 말로 하면 교회의 일꾼을 의미한다. 성경에는 많은 집사들이 소개되는데 뵈뵈, 유오디아와 순두게, 루디아, 브리스길라와 아굴라 등이다. 초대교회에 칭찬 받는 일곱집사가 나온다. 그중에 스데반과 빌립과 같은 사람이 있다. 이들을 통해 복음이 전파된다. 교회는 목사 혼자서 사역을 감당할 수 없기에 많은 집사들이 필요하다. 서리집사는 1년 임시직이고 안수집사는 항존직이다. 성경에 나오는 집사는 안수집사를 말한다.

## ◆권사

권사의 직분은 성경에 나타나지 않는다. 교회가 성장하고 발전되면서 교회를 효과적으로 섬기기 위해 세운 한국 고유의 직분이다. 여자 집사 중 평신도 지도자로 세워 목회자를 돕는 동역의 의미가 있다. 교회헌법에 보면 '권사는 여신도 중 만 45세 이상의 입교인으로 행위가 성경에 적합하고 교인의 모범이 되어 교회에서 충성되게 봉사하는 자'라고 언급되어 있다. 권사는 안수를 받지 않지만 항존직으로 봉사하는 직분이다.

## ◆장로

장로는 본래 나이가 든 연륜이 깊고 존경할 만한 사람을 말한다. 성경은 감독과 장로를 같이 사용한다. 목사를 가르치는 장로, 장로를 치리하는 장로로 나누기도 한다. 지금의 장로는 평신도로 신앙적으로 존경받고 인격이 겸비된 평신도 사역자이다. 목사를 도와 교회를 건강하게 하는 데 적극적으로 협력하는 사람이다. 목사의 부족한 것을 상호보완하여 교회를 섬기는 봉사 직분이다.

## ◆목사(감독)와 교사

목사는 교회 지도자다. 목사는 교회 전체를 운영하고 목양을 담당하는 전임 사역자이다. 신학교육을 전문적으로 받은 사람들이 맡아 교회를 담임하고 목양하고 있다. 목사는 하나님의 말씀을 전하고 가르치고 예배를 인도하고 교인들의 신앙을 지도하는 중요한 역할을 한다.

목사는 가르치는 교사의 역할을 동시에 감당한다. 가르치는 자를 존경하고 잘 섬기는 것은 신앙에 유익이 있다. 목사는 참 목자되신 예수님에게 교인들을 인도하는 청지기이다.

### ◆ 전도사

전도사는 복음(설교)을 전할 수 있는 자격이 주어지는 직분이다. 전도사는 신학을 공부한 사람으로서 목회자를 돕는 동역자로 전도와 가르치는 일을 수행한다. 남자의 경우 대부분 목회자 후보생이 사역하고 여자의 경우 교인들을 심방하고 가르치며 전도의 일을 담당한다. 성경에는 없지만 교회의 필요에 의해 세운 중요한 직분이다.

### ◆ 선교사

복음을 전하는 일을 다양한 곳에서 감당하는 사람을 선교사라고 한다. 주로 해외에서 복음을 전하는 경우 선교사 호칭을 사용한다. 하지만 다양한 현장(재소자·의료·구제·복지·교육·기관·외국인·직장 등)에서 사역하는 사람을 선교사라고 부르기도 한다. 넓게 보면 모든 성도들은 잠재적인 선교사다. 전문적으로 사역하는 일을 감당할 때 선교사 직분을 세운다. 평신도들이 다양한 영역에서 복음을 전하는 데 꼭 필요한 직분이다.

### ◆ 신유와 안수

신유란 예수님의 십자가를 통한 죄의 용서와 하나님의 약속에 대한 믿음으로 병 고침을 얻는 것을 말한다. 하나님은 마음과 영혼의 치료뿐 아니라 우리 몸의 병도 치료해주신다. 하나님은 자신을 "치료하는 여호와"라고 말씀하신다. 인간이 병이 든 것은 죄의 결과로 생긴 것이다. 그리스도를 통해 죄를 용서하면 병도 치유된다. 안수는 손을 몸에 대고 하는 기도인데 인간은 병을 고쳐달라고 기도하지만 치유는 전적으로 하나님의 소관이다.

### ◆ 공중재림과 지상재림

승천하신 예수님이 세상에 다시 오시는 종말 사건을 공중재림이라고 말한다. 공중에 오셔서 머무시는 단계가 공중재림이고 다시 땅에 오시는 것이 지상재림이다. 공중에서 주님이 오실 때 그동안 주 안에서 죽은 자들이 부활한다.  죽지 않고 살아 있는 성도는 변화하여 영화로운 몸을 입게 된다. 주님이 재림하면 세상의 모든 일이 끝나고 성도는 천년왕국을 누리게 된다.

### ◆ 어린양의 혼인잔치

그리스도가 재림하실 때 성도들은 어린양 되신 그리스도의 신부로서 그와 더불어 혼인잔치에 들어간다(계19:7-8). 혼인잔치는 공중에서 열리는데 그리스도와 교회와 그리스도가 연합하는 시간이다. 그리스도인들은 이 세상 마지막에 누리는 천국 잔치라고 말한다. 지금 우리가 사는 세상은 신랑되신 그리스도가 재림하여 성도들을 부르러 오시는 그날을 기다리는 기간이다.

# 15 교회에 대해 4

## 주제성경

날마다 마음을 같이하여 성전에 모이기를 힘쓰고 집에서 떡을 떼며 기쁨과 순전한 마음으로 음식을 먹고 하나님을 찬미하며 또 온 백성에게 칭송을 받으니 주께서 구원 받는 사람을 날마다 더하게 하시니라. (사도행전 2:46-47)

**그림표로 점검하기**(그림표에 나오는 신앙 개념을 자신이 이해한 말로 설명하며 현재 상태를 점검한다)

## ◆세례

세례는 그리스도인이 구원 받은 것을 공동체에 선포하는 의식이다. 마치 신랑신부가 결혼식으로 혼인이 이루어졌음을 선포하며 만방에 공증하는 것과 같다. 물에 침례(세례)하는 것은 옛 사람이 죽었고 이제 새 사람이 되었음을 선포하는 것이다. 세례는 구원의 수단이 아닌 그리스도의 죽음과 부활에 참여했음을 확인하며 교회공동체 앞에 선포하는 것이다. 신앙을 더욱 굳건히 하는 의미가 있다.

## ◆성찬

성찬은 세례받은 사람이 그리스도의 죽음과 부활에 참여하는 의식이다. 이것은 주님이 자신의 죽음을 후대에 기억하게 하기 위하여 제정한 것으로 주님의 재림을 기다리는 의미가 있다. 성찬식 때 떡을 떼고 잔을 드는 것은 주님의 몸과 피를 상징하며 이런 예식을 통하여 그리스도와 한몸 된 것을 모든 교회공동체가 확인하는 것이다. 우리는 성찬을 통해 내가 그리스도와 연합되고 교회공동체가 그리스도안에서 한몸인 것을 경험한다. 성찬식은 자주 하는 것이 좋다.

## ◆자유의지

하나님은 인간을 로봇처럼 만들지 않았다. 인간은 하나님의 형상을 닮은 존재다. 인간은 동물과 다르다. 동물은 자유의지가 없다. 인간은 하나님의 피조물이지만 자유의지가 있다. 스스로 선택하고 그것에 대한 책임도 진다. 선악과를 먹을 수도 있고 먹지 않을 수도 있다. 이것은 인간에게 주어진 자유의지다. 죄를 지은 결과는 인간이 책임을 져야 한다. 말씀을 듣고 하나님을 믿을 수도 있고 안 믿을 수도 있다. 하지만 그 결과는 스스로 책임져야 한다. 이것이 인간이 가진 자유의지다.

## ◆교만과 겸손

인간은 창조주가 아닌 피조물이다. 인간은 누군가에 의해 창조된 존재다. 처음부터 스스로 존재하는 하나님과 다르다. 그러므로 자기를 창조한 주인을 인정하고 그분을 경외해야 한다. 그것이 겸손이다. 교만은 그 사실을 인정하지 않고 마치 스스로 존재하는 것처럼 모든 것을 자신이 하려고 하는 것이다. 겸손은 하나님을 믿는 것이다. 반면에 교만은 하나님을 믿지 않는 것이다.

## ◆고난과 연단

죄를 지은 인간의 삶은 고난과 수고가 계속된다. 인간은 아무리 행복을 추구해도 고난을 피할 수 없다. 그렇다면 고난을 잘 극복하는 것이 중요하다. 하나님은 인간에게 평안도 주시지만 환란도 주신다. 하나님이 고난과 환란을 주시는 건 우리로 하여금 연단을 받고 그것을 통해 더 큰 믿음을 갖게 하기 위함이다. 고난을 통해 자기를 부인하는 법을 배우고 하나님을 신뢰하면 그 고난은 유익이 아닐 수 없다.

## ◆복과 저주

사람은 누구나 축복받고 싶어한다. 어떻게 하면 많은 축복을 받고 살 수 있는가? 하나님 말씀에 순종하면 된다. 복과 저주는 하나님의 소관이다. 인간이 임의적으로 선택할 수 없다. 하나님은 하나님의 질서에 따르는 사람에게 복을 주시지만 그렇지 못하면 저주가 임한다. 축복과 저주는 말씀을 순종하고 살아가느냐에 따라 결정된다. 성경은 그 내용을 잘 이야기해준다.

## ◆선과 악

선과 악의 기준은 아주 다양하다. 나라마다, 사람마다 기준이 다르다. 세상에서는 선과 악에 대한 절대적인 기준이 없다. 그러나 하나님의 입장에서 보면 선과 악은 분명하다. 하나님을 인정하고 하나님의 영광을 위하면 그것은 선이다. 하지만 인간의 욕심을 위하고, 하나님을 부인하면 그것은 악이다. 성경에서 말하는 선과 악은 하나님이 기준점이 된다. 도덕적으로 착하게 살아도 하나님을 거부하면 그것은 악이다. 그 마지막은 심판이다.

## ◆방언과 통역

방언에는 다른 나라 언어로 말하는 것과 사람들이 알아듣지 못하는 하늘의 언어가 있다. 이는 인간이 배워서 되는 것이 아니라 하나님이 주시는 것이다. 방언은 자신에게도 유익이 되어야 하지만 다른 사람에게도 유익이 되어야 한다. 모든 것은 덕을 세우기 위해 존재한다. 다른 사람에게 피해를 준다면 바람직한 방언이 아니다. 통역은 알아듣지 못하는 방언을 알아듣게 해주는 은사다. 은사는 언제나 나의 유익보다 다른 사람의 유익을 위해 사용되어야 한다.

## ◆은혜와 은사

은혜는 교회와 그리스도인이 가장 많이 사용하는 말이다. 은혜는 하나님이 주신 선물이다. 은혜라는 말은 다양하게 사용된다. 구원을 받은 것도 은혜다. 말씀을 깨닫게 하고 기도의 응답을 주시는 것도 은혜다. 그리스도인의 삶은 모든 것이 은혜다. 모든 것을 하나님이 주셨다고 믿고 살면 모든 것을 하나님의 은혜로 여기고 감사하게 된다. 은사는 은혜 받은 사람에게 주시는 영적 재능이다. 하나님의 기쁘신 일을 위하여 각 사람에게 나누어 주신 특별한 재능이다

## ◆할렐루야와 아멘

교회나 신앙 생활 속에 가장 많이 사용하는 단어는 "할렐루야" 와 "아멘"이다. '할렐루야'는 '하나님을 찬양하라'는 뜻이고 '아멘'은 '동의한다' '그렇게 될 줄 믿는다'는 뜻이다. 그리스도인의 삶은 모든 일이 하나님을 찬양하는 것이 되어야 하고 하나님의 뜻에 순종하는 아멘의 삶이 되어야 한다. 이런 사람에게 하나님은 복에 복을 더해주신다.

memo

memo

memo

memo